KB139184

관용의 탄생

카스텔리오의 삶과 사상

관용의 탄생

카스텔리오의 삶과 사상

2018년 7월 16일 초판 1쇄 발행

지은이 데무라 아키라
펴낸이 이문수
교정 · 편집 이만옥
펴낸곳 바오출판사

등록 2004년 1월 9일 제313-2004-000004호
주소 서울시 마포구 토정로 222(신수동 448-6) 한국출판콘텐츠센터 422-7호
전화 02)323-0518/문서전송 02)323-0590
전자우편 baobooks@naver.com

ISBN 978-89-91428-24-9 03990

관용의 탄생

카스텔리오의 삶과 사상

데무라 아키라 지음 | 이문수 옮김

일러두기

1. 이 책은 데무라 아키라(出村彰)의 『カステリョー人と思想』(清水書院, 1994, 初版)을 우리말로 옮긴 것이다.
2. 이 책에서 성서의 인용은 『개역개정 성서』(한국성서공회)를 사용하였다.
3. 본문 각주 중에서 '옮긴이' 표시는 옮긴이 주이며, 표시가 없는 것은 원주이다.
4. 이 책에 사용된 이미지와 '인명 해설'은 원서는 없는 것이나 독자들의 이해를 위해 수록한 것이다.

머리말

스위스의 고도이자 관광도시인 제네바. 레만호를 따라 펼쳐진 번화가를 벗어나 남동쪽 산 부근으로 조금 들어가면 샹펠(Champel)이라고 부르는 지역이 나온다. 현재는 완전히 시가지의 일부가 되어 대규모 병원과 고층주택이 늘어서 있지만, 옛날에는 처형장이 있어 두려움을 불러일으켰던 장소다. '미셀 세르베 거리'라는 이름이 붙은 도로의 완만한 언덕을 올라가면 나무에 둘러싸여 있는 기념비 하나가 눈에 들어온다. 세르베투스 사건의 '속죄비'로 알려져 있는 이 비석에는 다음과 같은 문장이 새겨져 있다.

> 우리의 위대한 종교개혁가 칼뱅을
> 존경하고 감사하는 우리 제자들은
> 그의 시대에 일어났던 오류를 단죄하고
> 종교개혁과 복음의 진실된 원리에 따라
> 양심의 자유의 굳게 지키고
> 여기에 이 속죄비를 세운다.
>
> 1903년 10월 27일

기념비 건립에 적극적으로 관여한 사람 중에 일곱 권에 이르는 방대한 칼뱅 연구서의 저자인 에밀 두메르그(Émile Doumergue, 1844~1937)의 이름이 들어 있는 것이 특히 인상적이다. 이 비가 건립되기 정확하게 350년 전인 1553년 10월 27일, 이 샹펠 언덕에서 스페인 출생의 신학자이자 인문주의자였던 미카엘 세르베투스(미겔 세르베토, Michael Servetus, Miguel Serveto)는 그 파란 많았던 삶을 화형대에서 맹렬하게 피어오르는 연기 속에서 마감하였다. 그의 죽음에 관한 경위는 본문에서 자세하게 밝힐 테지만, 그가 덮어쓴 죄목은 전통적 그리스도교의 교리 중에서도 가장 핵심적인 '삼위일체'의 부정이었다.

'세르베투스 사건'을 계기로 양심의 자유, 종교적 관용의 문제가 유럽인들의 정신을 파고들었지만, 그 실현에는 수백 년의 세월과 너무나도 많은 피와 눈물과 땀, 그리고 잉크를 필요로 하였고, 마침내 전 인류의 귀중한 정신적 자산으로 확립되는 길로 나아갔다. 문자 그대로 그 도화선에 불을 붙인 인물이 바로 이 책의 주인공인 세바스찬 카스텔리오(Sabastianus Castellio, Sébastien Castellion, 1515~1563)다.

세르베투스 사건이 일어난 지 약 5백 년이 흐른 오늘날에는 사상과 양심의 자유가 상식의 일부가 되었으며, 그에 기초한 정치와 종교의 분리는 근대화의 지표가 되었다. 그러나 오늘날 세계 각지에서는 종교상의 대립과 갈등에서 비롯된 수많은 비극이 매일처럼 일어나고 있으며, 그에 따른 희생자도 끊이지 않고 있다. 더구나 기존 '종교'의 틀을, 특정한 정치적·사회적 태도의 결정인 이데올로기로까지 넓혀보면, 입에 올리기조차 두려운 참극이 끊임없이 되풀이되어 온 것이 우리가 살아온 지난 20세기의 역사였다. 그런 의미에서 이 5백 년간의 교훈은 도대체 무엇이었는가 하는 질문을 던지지 않을 수 없다.

여전히 우리에게는 배워야 할 것, 배워야만 하는 것들이 아직 남아 있다.

차례

TOLÉRANCE
CASTELLIO

1장

양심을 위한 투쟁

Sebastianus Castalio

카스텔리오의 출생과 성장

출생과 이름

론강의 원천은 알프스의 준봉인 마터호른의 빙하다. 험준한 마터호른에서 발원한 물줄기는 제네바의 레만호로 흘러들었다가 프랑스의 제2도시인 리옹에 다다른다. 거기서부터는 남행하는 대하가 되어 마르세유를 지나 지중해로 흘러들어간다. 이 지방 일대는 예로부터 독자적 언어와 문화, 생활을 형성하여, 먼 북녘의 파리 중심 체제에 맞서 끈질기게 강력한 자립 의지를 부르짖어왔다. 프로방스와 랑그도크에서 서쪽으로 난 길을 따라 피레네 산맥을 넘어가면 스페인 땅이 나온다.

겨울이 되면 몇 개월 동안이나 답답하고 흐린 날씨가 계속되는 북프랑스와 달리 론강 연안으로 내리 부는 북풍(미스트랄)이 구름을 날려버리는 남프랑스에서는 겨울에도 푸른 하늘이 넓게 펼쳐지고 태양이 눈부시게 빛난다. 빈센트 반 고흐가 풍부한 색채로 묘사한 세계다. 풍토가 얼마만큼 그 속에서 살아가는 인간들의 심성과 사색의 내용을 결정하는지는 쉽사리 판단하기 어렵지만, 넓게 펼쳐진 남쪽의 '느긋함'과 꼼짝없이 추위를 견뎌야 하는 북쪽의 '제약'은 차이가 있을 수밖에 없다.

훗날 상대하게 될 칼뱅이 태어난 곳은 파리에서 북쪽으로 2백 수십 킬로미터 떨어진 피카르디 지방의 누아용(Noyon)인 반면, 카스텔리오가 태어난 곳은 리옹에서 론 계곡을 지나 제네바로 가는 길목

카스텔리오 기념비
(생 마르탱)
"양심의 자유 수호자"라고 쓰여 있다.

인 낭투아에서 칠 킬로미터 정도 서쪽에 있는 생 마르탱 뒤 프레느(St. Martin du Fresne)라는 작은 마을이었다. 지금 그곳에는 작은 기념비가 세워져 있다.[1]

널리 알려져 있지 않은 사실이지만, 16세기에 태어난 서민들의 출생 연월일은 확인하기 어려운 경우가 많다. 일반적으로 사망한 날을 기록하는 경우는 흔했지만 태어난 날이나 세례 받은 날을 그나마 정확하게 기록하게 시작한 것은 종교개혁 이후의 일이다. 가톨릭교회의 신자는 세례일에 수호성인의 이름을 자신의 세례명으로 삼는데, 카스텔리오에게 주어진 세바스찬이라는 이름의 원래 주인은 전설적 순교 성인 세바스티아누스(Sebastianus, ?~287)이다. 그의 축일은 1월 20일이지만, 카스텔리오가 태어난 해가 1515년이라는 사실 외에 우리가 알 수 있는 것은 없다. 어쨌든 그가 1509년 7월 10일에 태어난 칼뱅보다 여섯 살 정도 연하였던 것만큼은 확실하다.

이미 네댓 명의 자식이 있었던 양친은 지극히 평범한 농민이었다. 훗날 카스텔리오 자신이 말한 바에 따르면, 부친은 종교에 대해 별다른 지식이나 관심은 없었지만 자식들에게는 입버릇처럼 두 가지 주의를 주었다고 한다. 도둑질과 거짓말을 하지 말라는 것이었다. 16세기 유럽은 전체적으로 많은 비와 냉해로 생활의 궁핍함이 이만저만 하지 않았지만, 부친인 클로드는 최소한 인간의 품위에 대한 긍

---

1 Roland H. Bainton, *Concerning Heretics*(New York : Octagon Books. 1935, 1979). *The Travail of Religious Liberty*(New York : Haper & Brothers, 1961). Charles E. Delormeau, *Sebastien Castellion : Apotre de la Tolerance et de la Liberté de Conscience*(Neuchâtel : H. Messeiller, 1963) H. カメン, 寛容思想の系譜(平凡社, 1970)

지를 지니고 있던 인물이었다.

여기서 이 집안의 카스텔리오라는 성에 대해 한마디 덧붙이면, 원래 성은 카스텔리옹(Châteillon)이었다. 그런데 나중에 당시 인문주의자들의 관례에 따라 라틴어식으로 철자를 바꾸어서 사용하였다.[2] 칼뱅의 경우도 본래 프랑스어 철자로는 코뱅(Cauvin)이었는데 라틴어식인 칼비누스(Calvinus)로 표기하였다.

인문주의 교육

마을의 작은 학교에서 초급 라틴어를 배운 세바스찬은 학업을 위해 리옹으로 향했다. 리옹은 라틴어로 루그두눔(Lugdunum)으로 불렸던 로마제정 시대부터 오늘날 남프랑스, 당시 골(Gaul, 갈리아) 지방의 중심도시이자 2세기 말의 유명한 순교자 이레나이우스(Irenaeus, 140~203)와도 인연이 있는 도시였다. 중세 말인 이 무렵에도 풍부한 론강의 흐름을 이용한 물산의 집산지이자 제지·인쇄·출판의 거점이었으며, 나아가 당시 최신 학문인 인문주의의 물결이 넘실대는 문화도시로 알려져 있었다.

프랑수아 라블레(François Rabelais, 1494?~1553)를 정점으로 한 인문주의의 꽃이 핀 곳도 바로 리옹이었다. 그뿐만 아니라 라인강 건너편 독일에서 마르틴 루터(Martin Luther, 1483~1546)가 종교개혁의 기치를

---

2 Delormeau, 24쪽.

높이 들었을 때 가장 먼저 반응을 보인 곳도 리옹이었다. 1530년대 전반, 칼뱅이 가톨릭 신앙에서 개신교로 '돌연한 회심'을 체험한 북쪽의 파리와 마찬가지로 리옹 역시 기존의 신앙에 대한 회의가 불타오르기 시작했다.

몇 살 때였는지는 확실하지 않지만, 세바스찬은 콜레주 드 라 트리니티(Collège de la Trinity, 삼위일체 대학)에 입학했다. 세바스찬은 여기서 당시 인문주의 교육의 전형인 라틴어와 그리스어를 배웠다. 앞서 언급한 것처럼 그의 성과 이름의 철자를 바꾼 것도 이 무렵이다. 처음에는 세바스티아누스 카스탈리오(Castallio)라고 썼다. 카스탈리오는 그리스 신화에 나오는 샘의 이름으로, 학문과 예술의 수호 여신 뮤즈의 영감의 원천으로 알려져 있다. 여기서도 그리스와 라틴 고전문학을 공부한 젊은 학생의 기상 같은 것을 느낄 수 있다. 그는 자신의 이름 철자를 곧바로 카스텔리오(Castellio)로 바꾸었다.

프랑스의 종교적 상황

여기서 당시 프랑스의 종교적 상황을 상세하게 다루기는 어렵지만, 크게 두 가지는 언급할 수 있을 것 같다. 하나는, 독일의 루터와 스위스의 츠빙글리(Ulrich Zwingli, 1484~1531)로 대표되는 개신교 교회와 사회의 개혁운동이 프랑스에도 침투했다는 사실이다. 그리고 다른 하나는, 전자만큼 철저하고 완전하게 가톨릭교회의 권위와 관습을 부정하지는 않으면서 내부에서 점진적 개혁을 지향하는 '복음적 가

젊은 날의 칼뱅
(16세기, 제네바 도서관)

톨릭'으로 불리는 흐름도 있었다. 그 밖에 어떠한 변혁에 대해서든 끈질기게 저항하는 구신앙파와, 이런저런 종교상의 교리나 제도를 둘러싼 다툼에는 초연한 입장을 견지한 라블레나 몽테뉴(Michel de Montaigne, 1533~1592) 같은 소수의 정신적 엘리트에 이르기까지 국내의 모든 입장이 어지럽게 대립하고 있었다.

파리를 거점으로 하는 왕실은 정치와 종교의 틈새에서 때로는 가톨릭을 지원하고, 때로는 루터파 같은 '이단'도 묵인하는 등 그 정치적 입장은 일관성이 결여되어 있었다. 이런 상황은 16세기 내내 계속되어 앙리 4세의 '낭트 칙령(Edict of Nantes)'[3]에까지 이르게 되었다.

---

3 앙리 4세가 1598년 4월 13일 선포한 칙령으로, 프랑스 내에서 가톨릭 이외에 칼뱅주의 개신교 교파인 위그노의 종교적 자유를 인정한 것이다. 이로써 앙리 4세는 위그노 전쟁을 끝내고, 개신교와 가톨릭 사이에서 화합을 도모하였다. 이 칙령은 위그노에게 광범위한 종교적 자유를 주었으며 개인의 종교적 믿음에 대하여 사상의 자유

이러한 상황에서 프랑스는 물론이고 전 유럽은 '신앙분열'에 따른 불화와 아우성, 신음으로 고뇌에 빠지게 되었다.

1540년 1월 리옹에서 세 명의 루터파 신도가 이단이라는 이유로 산 채로 화형에 처해졌다. 이 사건을 계기로 이제 중립적 입장은 사라지고 말았다. 분명하게 자신의 신앙을 표명해야만 하는 시대가 온 것이다. 이런 종교적 상황을 좀 더 명확하게 이해할 수 있는 사례를 칼뱅의 생애에서 찾아볼 수 있다.

1533년 12월 1일 칼뱅의 교우인 니콜라스 콥(Nicolas Cop)은 파리대학 총장 취임 연설 때문에 루터파라는 혐의로 소환되자 스위스 바젤(Basel)로 망명하였다. 칼뱅 또한 체포되기 직전에 파리에서 도망쳐 다음 해 10월 스트라스부르(Strasbourg)로 망명하였고, 1535년 1월에는 바젤로 거처를 옮겼다. 그리고 그해 여름에 『기독교 강요(Institutio Christianae Religionis)』의 초고를 완성하였고, 이듬해 3월에 출판을 하자마자 곧바로 이탈리아로 건너갔다. 그리고 다시 돌아오는 길에 들른 제네바에서 예전부터 알고 지내던 파렐(Guillaume Farel, 1489~1565)을 만나 제네바 개혁운동에 동참하기로 하였다.

그러나 1538년 4월에 제네바 시당국과의 갈등으로 추방 처분을 받아 스트라스부르로 망명했다가 3년 후인 1541년 9월에 다시 제네바의 초빙을 받아 귀환했다. 그 사이에도 칼뱅은 『기독교 강요』의 교정과 증보를 계속해나갔다. 이처럼 칼뱅에게도 지난 10년은 고난과 격

를 인정한 첫 사례로 꼽힌다. 그러나 이 칙령은 1685년 10월 퐁텐블로 칙령으로 폐기되고, 개신교는 다시 가톨릭의 탄압을 받는다.-옮긴이

동의 시간이었다. 이제 카스텔리오와 칼뱅이 만날 운명의 시간이 서서히 다가오고 있었다.

결코 잊어서는 안 될 또 하나의 이름이 있다. 카스텔리오와 칼뱅의 비극적 대결의 직접적 원인이 된 인물, 바로 세르베투스다. 이미 바젤과 스트라스부르에서도 이름을 숨기며 살았던 세르베투스는 거룩한 삼위일체를 부정했다는 이유로 유럽 안에서 쫓기는 신세가 되었다. 그런 그가 몰래 잠입한 곳이 다름 아닌 리옹이었다.

이 책의 제2장에서 자세히 다룰 테지만, 1540년부터 그는 리옹과 가까운 비엔(Vienne)에서 의사로 개업하였는데, 그 이듬해부터는 당시 그 지역을 관할하던 대주교의 주치의까지 맡게 되었다. 그런 상황에서 운명의 1553년이 다가왔다. 애당초 세르베투스가 이름을 숨기고 리옹에 나타났을 때 카스텔리오는 이미 그곳을 뒤로하고 망명길에 올랐기 때문에 두 사람이 리옹에서 서로 만날 기회는 없었을 것이다.

회심, 망명, 칼뱅과의 만남

카스텔리오가 어느 시기에 어떤 계기로 개신교로 옮겨갔는지는 정확하게 알 수 없다. 홀로 성서에 침잠한 끝에 개인적 결단을 내렸는지, 아니면 죽음조차 두려워하지 않은 순교자의 흔들리지 않는 신념에 감동했기 때문이었는지는 알 수 없다. 나중에 개신교의 자유를 옹호하게 된 그는 결코 우유부단한 상대주의자가 아니라 자신의 소신을 위해서라면 조국도 생활도 모두 버릴 만큼 용기 있는 인물이었다. 뿐만 아니라 그는 종교의 자유, 종교적 관용을 위해 자신의 모든 것을 바쳐 싸운 위대한 인물이었다.[4]

가톨릭 쪽의 압박으로 더는 리옹에 머무는 것이 위험하다고 느낀 카스텔리오는 북쪽으로 달아나 스트라스부르를 망명지로 선택했다. 스트라스부르는 리옹이 론강에 의존하는 것처럼 라인강 유역에서 교역으로 번영을 누려온 도시였다. 리옹과 마찬가지로 이 자유도시는 일찍부터 제지와 인쇄, 제본의 중심지로서 시내에는 유력한 인쇄업자들이 서로 어깨를 나란히 하며 경쟁하듯 유럽 각지로 서적을 내보냈다. 독일과 프랑스라는 두 문화의 교차점에 위치한데다 다양한 정치적 견해와 여러 언어가 공존하는 국제도시였다.

스트라스부르는 알자스로렌으로도 부르는데, 자연스럽게 사상적 · 종교적 관용의 기풍을 길러왔다. 예를 들면, 한 걸음만 벗어나면 중세 가톨릭 체제에 대한 비판과 부정으로까지 연결되는 신비주의 계보도 라인강 연안의 이 도시에 뿌리를 두고 있었으며, 그 신비주의가 여기서 물결을 타고 하류의 네덜란드까지 실려 갔다.

스트라스부르 시 정부는 1520년대 중반 무렵 개신교를 받아들였는데, 그로 인해 지금도 남아 있는 크고 화려한 대성당은 물론 당시 이곳을 관장하던 대주교도 시로부터 방치되는 신세가 되었다. 게다가 1530년대 초부터는 재세례파(Anabaptist) 같은 개신교 내부의 급진적 사상을 가진 사람들도 이 도시의 전통적인 관용의 혜택을 누릴

---

4 Delormeau, 27~32쪽.

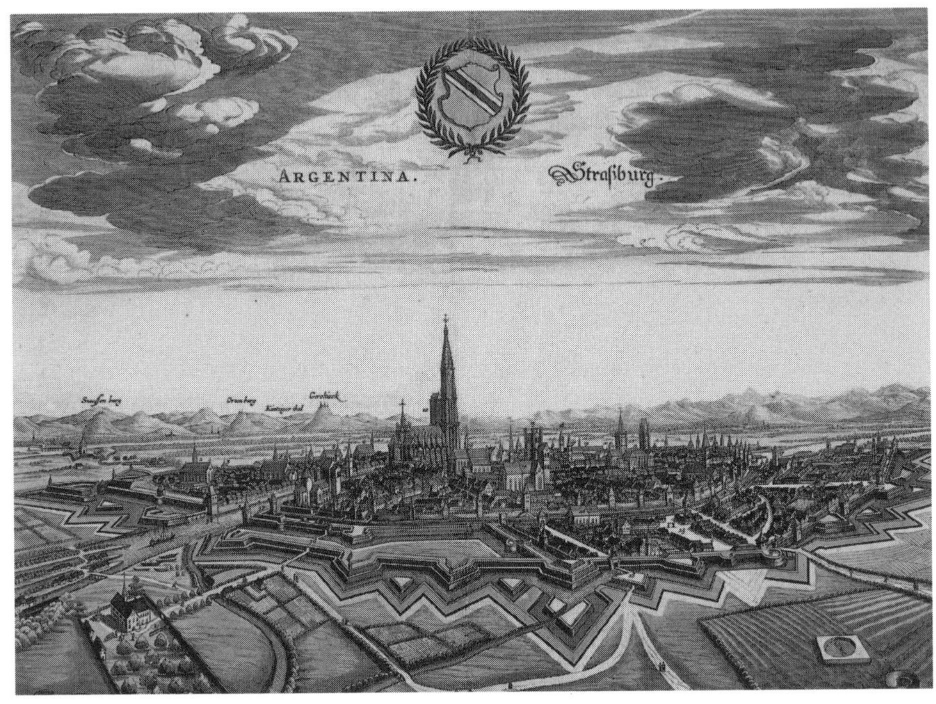

스트라스부르 전경(1644)

수 있었다. 한마디로 스트라스부르는 모든 정통·비정통 사상의 용광로 그 자체였다. 세르베투스도 한때 이곳에서 몸을 숨기고 살았다는 사실은 앞서 언급한 바 있다.

종교적 관용이라는 전반적 배경이 있었다 하더라도 카스텔리오가 스트라스부르를 망명지로 선택한 또 하나의 이유는 앞서 언급한 사정으로 칼뱅이 이곳에서 망명생활을 하고 있었기 때문이다. 칼뱅을 흠모하였던 카스텔리오는 스트라스부르로 급히 길을 떠났다. 칼뱅이 어떤 연유로 몇 살 연하의 카스텔리오와 지기(知己)가 되었는지는 확실히 알 수 없다.

스트라스부르에 도착한 카스텔리오는 칼뱅의 집에 여장을 풀었다. 1540년 5월 카스텔리오는 스물다섯 살의 젊은 나이였다. 그리고 얼마 지나지 않은 같은 해 8월 그때까지 독신이었던 칼뱅은 전 남편과 사이에 이미 두 명의 자녀가 있던 이들레트 드 부르(Idelette de Bure)와 결혼하였다. 이들레트의 죽은 전 남편은 과거 재세례파에 속해 있다가 칼뱅의 설득으로 개신교로 복귀한 인물이었다고 한다. 카스텔리오가 칼뱅의 집에 머문 것은 불과 며칠밖에 되지 않았지만 신혼생활에는 적잖은 방해가 되었을 것이다.

칼뱅은 당시 스트라스부르에 있는 프랑스인 망명자들이 세운 교회에서 목회를 하는 한편 개신교 설교자 양성학교의 신학강사로도 활동하고 있었다. 칼뱅에게 크게 의지하고 있던 카스텔리오에게 칼뱅과 그의 옹호자인 목회자들－마르틴 부처(Martin Butzer, 1491~1551), 볼프강 카피토(Wolfgang Capito, 1473~1541), 마테우스 젤(Matthäus Zell, 1477~1548), 그리고 카스파르 헤디오(Caspar Hedio, 1494~1552)－은 물론이고, 당시 유럽 제일의 교육자로 알려져 있던 요하네스 슈투름(Johannes Sturm, 1507~1589) 등은 평소 그가 우러러보던 거성들이었다.

이러한 교류 중에도 칼뱅은 『기독교 강요』의 개정과 프랑스어 번역, 그리고 『로마서 주석』 집필 등으로 바쁜 시간을 보냈다. 또한 개신교 진영의 젊은 기수로서 가톨릭 추기경인 야코포 사돌레토(Jacopo Sadoleto, 1477~1547)에게 공개서한[5]을 보내기도 했는데, 그 내용은 이

5 야코포 사돌레토는 도피네에 있는 카펜트라스(Carpentras in the Dauphine)의 주교로서 1536년 추기경이 되었다. 그는 칼뱅과 파렐이 제네바를 떠난 틈을 타서 제네바 시민들에게 로마가톨릭으로 복귀하라는 강력한 권고 서신을 보냈다. 라틴어로 쓴

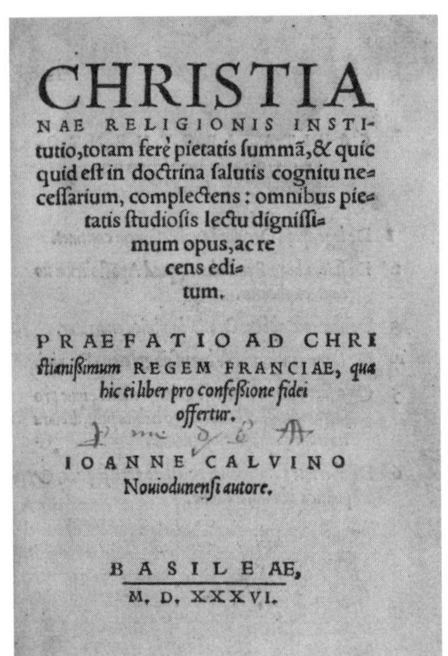

CHRISTIA
NAE RELIGIONIS INSTI-
tutio, totam ferè pietatis ſummã, & quic
quid eſt in doctrina ſalutis cognitu ne=
ceſſarium, complectens: omnibus pie=
tatis ſtudioſis lectu digniſſi=
mum opus, ac re
cens edi=
tum.

PRAEFATIO AD CHRI
ſtianiſsimum REGEM FRANCIAE, qua
hic ei liber pro confeſsione fidei
offertur.

IOANNE CALVINO
Nouiodunenſi autore.

BASILEAE,
M. D. XXXVI.

『기독교 강요』 초판본(1536)

도시에 머문다는 것은 '교양으로 뒷받침되는 경건(pietas literata)'이라는 것이었다.

이 '스트라스부르'를 뜻하는 '거리의 성채'는 라틴어로는 아르겐토라툼(Argentoratum), 즉 '백은(白銀)의 도시'로 불렸다. 요하네스 슈투름 등에 의해 1538년 7월에 개설된 고등학원(김나지움)은 이 백은의 도시에 걸맞은 교육기관으로 어학과 과학, 의학, 법학, 그리고 신학의 각 분야에 대한 강좌가 개설되었으며, 1566년에는 대학(아카데미)으

이 편지에서 사돌레토는 개신교의 활동을 비판하고 로마가톨릭으로의 복귀를 촉구하였다. 이 편지는 스트라스부르에 있는 칼뱅에게 전달되었고, 이에 격분한 칼뱅은 추기경의 편지를 반박하는 형식의 글을 썼는데 이것이 「사돌레토에 대한 답변」이다.-옮긴이

로까지 발전했다. 확실한 자료는 거의 남아 있지 않지만, 스물다섯 살의 젊은 카스텔리오도 이 지적 향연에 기꺼이 참여했을 것이다. 이런 스트라스부르에서 카스텔리오는 자신의 삶에서 무엇보다 중요한 두 가지를 얻을 수 있었다. 하나는 자신의 삶을 바꾸게 된 '관용의 정신', 즉 나와 다른 생각을 수용하는 열린 정신이었으며, 또 하나는 교육 혹은 교화, 교도의 가능성에 대한 확신이었다. 카스텔리오 자신도 당대의 위대한 교육자의 한 사람으로 성장하였던 것이다.[6]

카스텔리오의 스트라스부르 체류는 길지 않았다. 1541년 여름 칼뱅이 제네바 시당국의 무리한 간청을 마지못해 받아들여 "세상에서 이만큼 무서운 곳은 없다"고까지 느꼈던 과거의 임지 제네바에 "슬픔과 눈물, 그리고 큰 불안과 고뇌"를 안고 자신의 "심장을 신 앞에 내어놓고 희생으로써 봉사한다"는 각오를 굳게 하고 다시 돌아가기로 결심했기 때문이다. 마침내 9월 중순 칼뱅은 제네바 시의회에 모습을 드러냈다. 이제 카스텔리오 앞에도 새로운 인생의 문이 열리게 되었다.

---

6 Delormeau, 33~36쪽.

제네바에서

제네바의 종교개혁

칼뱅 자신이 뛰어난 교육을 받은 인문주의자였다는 사실은 새삼스럽게 언급할 필요가 없을 것이다. 열네 살의 어린 나이에 고향 누아용을 떠나 파리의 라마르슈 대학에서 학업을 시작한 그는, 법학을 공부한 몇 년을 제외하고 거의 10년 가까운 세월 동안 그리스 로마 고전을 중심으로 한 인문주의 공부에 몰두했다. 그 성과는 단적으로 그의 유려한 라틴어 문장을 통해 확인할 수 있다.

칼뱅은 자신이 받은 교육이 가진 의미를 쉽사리 간과하지 않았다. 개신교 신앙이야말로 교양으로 뒷받침되고 인도되어야 한다는 것이 칼뱅의 흔들리지 않는 확신이었다. 그 증거는 칼뱅이 제네바에 부임하고 반 년 뒤인 1537년 1월 칼뱅을 비롯한 목사들이 시의회에 제출한 '교회계율' 초안에 잘 드러나 있다. 칼뱅의 교회·사회 변혁 프로그램인 이 계율은 성찬식을 엄숙하게 거행하기 위한 교회훈련(파문)

의 확립을 역설하고, 예배 개혁의 일환으로 회중에 의한 시편 찬송의 도입을 제안하였으며, 신자의 자녀들을 유아 때부터 교육하여 아버지가 자녀들에게 올바른 교리를 전승토록 하는 것이 필요하다고 강력하게 주장하였다. 또한 청소년들이 자기 신앙의 근거(도리)에 정통하고, 이것을 타인 앞에서도 변증할 수 있어야 한다고 강조하였다.

여기서 무엇보다 주목해야 할 사실은 당시 종교개혁가들은 저마다 성서 지식과 함께 라틴어, 그리스어, 그리고 히브리어 습득을 골자로 하는 고전 교양의 증진을 장려하였다는 것이다. 그뿐만 아니라 개신교 교회의 예배는 자국어로 신의 말씀을 설교하는 것이 원칙이 됨으로써 성서를 자국어로 읽고 이해하는 훈련이 불가결하게 되었다. 루터의 독일어 번역본 성서, 츠빙글리의 스위스·독일어 번역본인 취리히 성서와 함께 칼뱅의 『기독교 강요』의 프랑스어 번역본과 방대한 성서 주해가 이런 신앙 교육의 기본적인 텍스트가 되었다.

칼뱅은 리옹 시대에 이미 고전어 지식이 뛰어났던 카스텔리오를 찾아가 함께 제네바로 가서 고등학원을 설립하는 데 도움을 달라고 요청하였다. 칼뱅의 이상에 깊이 공감한 카스텔리오는 열정을 다해 협력하기로 약속하였다.

개혁의 규범과 새로운 이념

지금으로부터 약 5백 년 전인 15세기 말, 유럽인은 어지러울 만큼 현란함을 자랑하던 중세 그리스도교의 유럽 세계가 막다른 곳에 다다

랐다는 사실을 깨닫기 시작했다. 당연히 여러 폐해와 부패, 혼란의 한복판에서 "머리꼭대기에서부터 발끝까지 바꾸어야 한다"는 개혁의 필요성이 많은 사람들에 의해 제기되었다.

그렇지만 문제는 단순하지 않았다. 모두가 개혁을 외치지만, 그 주도권이 누구의 손에 있는지가 문제였다. 교회인가 국가인가. 교회에 주도권이 있다면 구체적으로 로마 교황인가 주교단인가 아니면 양심적인 개개인인가. 반대로 정치권력이 책임을 진다면 황제인가 국왕인가, 제후인가 각 도시인가. 이런 물음에 어떻게 답하는가에 따라 큰 차이가 생길 수밖에 없었다. 그리고 '개혁'이라고 하면, 그 목표와 기준, 규범 등을 어디에서 찾아야 할 것인가. 요컨대 어떤 모습의 교회와 사회라면 긍정하고 받아들일 수 있을까 하는 물음이었다. 이러한 물음은 한마디로 유럽이 어떤 모습으로 존재해야 하는가를 모색하는 것이나 다름없었다.

15~6세기 유럽에서 태동한 주요 발상은 현대와는 달라서 말하자면 '뒤로 향하는' 발상이었다. 즉 역사란 근본적으로 추락과 퇴폐의 연속이어서 역사를 거슬러 원류에 다가가면 갈수록 좀 더 순수한 이상에 가까운 모습을 볼 수 있을 것이라는 사고방식이 널리 퍼져 있었다. 그렇다 하더라도 그것만으로는 어떤 해결도 있을 수 없다. 거기까지 거슬러 올라가면 과연 좋을지 그렇지 않을지 하는 문제가 남아 있었기 때문이다. 이 '근본으로 돌아가자'는 운동은 흔히 "원류 지향"으로 불린다. 이 문제를 끝까지 파고 들어가면 결국 "유럽 세계의 원천은 어디에 있는가" 하는 물음으로 귀결된다.

사실 중세 유럽의 모든 제도적·지적(知的) 행위에는 두 원천이 있다. 말할 필요도 없이 고전 고대와 그리스도교 고대다. 고전 고대는 그리스 로마의 철학, 사상, 정치, 예술의 총체를 이르는 말이다. 그리고 그리스도교 고대는 그리스도교 이전의 구약성서를 포함한 성서의 신앙과 그것에 기초한 삶을 가리킨다. 흔히 말하는 2H, 즉 헬레니즘과 헤브라이즘이다.

그리스도교 고대를 낳고 기른 배양기 자체가 고전고대의 헬레니즘 세계였기 때문에 그리스도교는 성립 이후 언제나 이 2H의 관계를 둘러싸고 고뇌해왔다. 핵심은 이 둘이 상호 배타적으로 서로를 밀어냈는지, 아니면 오히려 상호보완적으로 서로를 받아들였는지 하는 문제였다.

이미 2세기에 한쪽에서는 테르툴리아누스(Tertullianus, 155?~240?)가 "예루살렘과 아테네가 도대체 무슨 상관이 있는가?" 하고 외쳤으며, 또 다른 한쪽에서는 유스티누스(Justinus, 100~165?)가 그리스 철학의 완성으로서 그리스도교 신앙을 고백하였다. 1천 년 동안 이어진 중세 유럽은 결국 이 물음에 대한 최종적인 결론을 내리지 못한 채 그 일관된 이데올로기인 '일치' '통합'(unitas) '종합'으로 이 물음을 덮어버리고 말았다.

스콜라 철학의 입장에서 보면, 중세 그리스도교는 성서를 통해 계시된 구원의 진리를 그리스 철학(플라톤이든 아리스토텔레스든)으로 해석하고 체계화하는 노력을 계속했다. 그러나 일치와 통합을 지향하는 이데올로기 자체가 흔들리기 시작하자 이미 그것은 불가능하게 되었다. 그럼에도 불구하고 16세기가 역사의 커다란 분기점 내지 전환점이 되었다는 것은 의심의 여지가 없다.

제네바는 1563년 5월, 시민총회의 결의로 미사를 폐지하고 가톨릭의 사제들을 추방함으로써 종교개혁의 길로 나아갔으며, 그와 동시에 목사 앙투안 소니에(Antoine Saunier)의 지도로 새로운 이념에 바탕을 둔 학교를 설립하였다. 그리고 같은 해 12월 칼뱅이 교사진에 합류함으로써 이 학교의 존재 가치는 크게 높아졌다.

칼뱅의 지도력이 커지자 이듬해 1월에는 과거 자신의 라마르슈 대학 시절 은사였던 코르디에(Mathurin Cordier)를 초빙하기에 이르렀다. 코르디에는 1534년 10월, 신변의 위험을 느끼고 파리를 떠나 보르도의 기엔느에서 라틴어를 가르쳤는데, 당시 유럽에서 가장 뛰어난 교육개혁자로 알려져 있었다. 앞서 언급한 것처럼 분열의 위기를 맞은 고전적 교양과 성서의 신앙을 다시 건전한 형태로 통합하여 '교양으로 뒷받침되는 경건'의 새로운 형성에 힘을 기울였던 것이다. 그러나 약 1년 후 칼뱅이 제네바에서 추방되자 코르디에 역시 맡았던 일에서 물러났고, 결국 신설된 학교도 1539년 1월에 폐교되고 말았다.

제네바 부임과 프랑스어 성서 번역

칼뱅의 추방 뒤에는 복잡한 사정이 있었지만, 결국 제네바 시의회는 칼뱅을 다시 초빙하기로 결의했다. 칼뱅이 이 요청을 받아들이는 과정에서 염두에 둔 것은 개신교 신앙에 기초한 교육기관의 재설립이었다. 따라서 당시 스트라스부르에서 같은 지향을 가진 카스텔리오에게 제네바 귀환 후 협력을 요청하는 것도 자연스러운 일이었다.

칼뱅의 제네바 귀임 3개월 전인 1541년 6월 20일, 카스텔리오는 제네바에서 교사로서의 임무를 시작했다. 그의 직함은 '학교장(regent des escoles)'이었다. 그사이에 코르디에를 다시 초빙하려는 노력이 계속되었지만 최종적으로 불가능하다고 판명된 시점인 1542년 4월 3일, 시의회에서 카스텔리오의 취임 선서가 이루어졌다.[7] 급여는 1년에 450플로린으로 기록되어 있다. 급여 외에도 현물로 밀가루와 포도주를 지급하고, 시정부 소유의 목사관도 제공되었다. 참고로 칼뱅의 연봉은 500플로린이었다.

카스텔리오의 제네바 시대는 이처럼 순조롭게 시작되었다. 카스텔리오가 동향 출신의 유진 바크론(Hugene Paquelon)과 결혼해 가정을 이룬 것도 이 무렵의 일로 추정된다. 유진은 그 후 카스텔리오가 고난의 세월을 헤쳐 나가는 과정에서 좋은 인생의 반려자가 되었다.

기본적으로 칼뱅과 카스텔리오는 고전적 교양과 그리스도교적 경건의 통합이라는 이상을 공유하며 그것의 실현을 목표로 삼았다. 그런 이상을 학교 교육을 통해 직접 실현하기 위해 카스텔리오는 성서를 제네바에서 사용하는 언어인 프랑스어로 직접 번역하였다. 그뿐만 아니라 그 성서를 부분적으로는 대화체로 바꾸는 작업과 함께 라틴어 번역에도 착수하였다. 이는 『성(聖)대화편(Dialogues sacrés)』이라는 제목으로 출판되었다. 그렇게 함으로써 고대문학의 반(反)그리스도교적 철학과 세계관, 종국적으로는 속되고 악한 추잡함을 제거할 수 있다고 생각하였다. 그리고 다른 한편으로는 학생들에게 고전어

---

7 공문서로서는 『제네바 시의회 기록』(*Calvini Opera* XXI, 283) Delormeau, 40쪽.

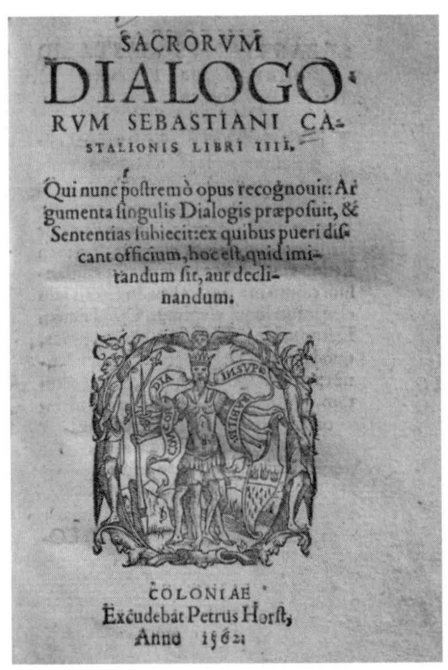

SACRORVM
DIALOGO-
RVM SEBASTIANI CA-
STALIONIS LIBRI IIII.

Qui nunc poſtremò opus recognouit: Ar-
gumenta ſingulis Dialogis præpoſuit, &
Sententias ſubiecit: ex quibus pueri diſ-
cant officium, hoc eſt, quid imi-
tandum ſit, aut decli-
nandum.

COLONIAE
Excudebat Petrus Horſt,
Anno 1562.

『성(聖)대화편』 라틴어 번역본(1562)

의 습득에도 힘을 쏟도록 하였다. 앞서 언급했던 헬레니즘과 헤브라이즘의 중세적 통합을 더욱 순화하고 정교하게 다듬는 시도였다.

『성대화편』은 출판 후 오랫동안 널리 호평을 받음으로써 카스텔리오의 명성을 확고하게 만들었다. 그런데 문제가 있었다. 이 번역본에 등장하는 이집트 왕 바로(파라오)의 명령에 따른 이스라엘인 장자 살해나 요셉 형제들에 의한 요셉 살해 모의 같은 주제에 대한 카스텔리오의 견해가 칼뱅의 그것과는 분명한 차이가 있었다는 것이다. 칼뱅에게 신은 인간의 죄와 악을 통해서라도 숨겨진 섭리를 드러내는 신비함을 지닌 존재라는 사실이 무엇보다 중요했다. 그에 반해 카스텔리오는 이집트의 폭군이나 피를 나눈 형제들이 보여준 냉혹함, 무정함, 무자비함은 인간을 고통스럽게 만들 뿐이라고 생각했다.

이 세상에서 살고 있는 인간 중에 어떤 사람은 강인할 뿐 아니라 불굴의 정신이 있어서 어떠한 희생도 감당할 수 있지만, 어떤 사람은 섬세하고 유약해서 피나 잔인함은 이유 여하를 불문하고 피하려고 한다. 여기에는 신의 숨겨진 섭리에 따른 기질의 차이, 쉽사리 설명하기 힘든 무언가가 존재한다는 것이다. 선천적이라고 할 수밖에 없는 이런 차이에 대한 서로 다른 견해가 머지않아 카스텔리오와 칼뱅 두 사람 사이를 갈라놓는 계기로 작용하게 될 터였다.[8]

페스트 사건과 갈등의 발단

앞에서 소개한 카스텔리오의 견해를 통해 그가 선천적으로 소심하고 우유부단하며 연약한 지식인이었다고 단정해서는 곤란하다. 카스텔리오가 나름의 용기와 결단력을 갖춘 인물이었다는 사실은, 1542년 여름 끝 무렵부터 겨울에 걸쳐 제네바를 덮친 페스트 사건에 대한 대응에서 알 수 있다.

사실 16세기 유럽의 거의 모든 도시들은 빈발하는 페스트로 두려움에 떨고 있었다. 전염병에 대한 지식이 거의 전무한 시대였기 때문에 페스트는 인간의 무력함을 절실히 일깨워주는 부조리의 상징이었다. 페스트가 발생했다는 소식이 들리면 사람들은 도시나 마을에서 도망치거나 그렇지 않으면 숨죽이고 있으면서 빨리 종식되기를

---

8 Bainton, *The Travail of Religious Liberty* 103~014.

기다리는 것 외에는 별다른 방법이 없었다. 그렇지만 이 시대에도 페스트에 걸린 환자를 격리할 정도의 지식은 있었다. 그리고 언제나 그렇듯 환자 병구완을 하는 특별한 임무를 맡은 목사가 필요했다.

9월 25일 제네바 시의회는 목사단에게 원목(chaplain)[9]의 파견을 정식으로 요청하였는데, 목사 중 한 사람인 피에르 블랑슈가 여기에 응했다. 다행히 역병은 겨울로 접어들면서 진정되었다. 그러나 1543년 봄이 되자 페스트는 다시 맹위를 떨치기 시작했다. 이번에는 안수례를 받은 정규 목사 중 어느 누구도 원목에 지원하지 않았다. 충분히 이해할 수 있는 일이었다. 이때 용기 있게 나선 이가 바로 카스텔리오였다. 하지만 카스텔리오는 아직 정규 목사로 승인을 받지 않은데다 무엇보다 당시 제네바의 학교 교육에 반드시 필요한 인물이었다. 그래서 시의회는 카스텔리오의 용기에 감사를 표하면서도 그의 지원은 받아들이지 않았다. 결국 지난번에 자원했던 블랑슈 목사가 다시 지원했지만 얼마 지나지 않아 페스트에 감염되어 6월 2일 순직하고 말았다.[10]

이 이야기를 통해 어느 정도 판단할 수 있지만, 적어도 카스텔리오는 주어진 직무에 확고한 책임감을 가진 인물이라는 사실을 확인할 수 있다. 어느 쪽에도 속하지 않고, 또 어느 쪽에 치우침도 없이 제3의 길을 택해 자신의 길을 걸어가는 데에는 무엇보다 큰 결단과 용기가 필요하다는 것은 두말할 필요도 없다.

---

9 학교나 병원, 군대 등에 소속된 목사-옮긴이

10 Delormeau, 42~43쪽.

이 무렵 카스텔리오는 전부터 해왔던 신약성서의 프랑스어 번역을 장 지라르 인쇄소에서 출판할 준비에 착수했다. 그러나 사안이 중대한 만큼 어떤 일이 있어도 칼뱅의 동의, 어떤 의미에서 '검열'은 피할 수 없는 일이었다. 사실 칼뱅은 이 번역의 적지 않은 곳에 의문을 가지고 있었다. 1542년 9월 11일 칼뱅이 로잔의 교회개혁가 피에르 비레(Pierre Viret)에게 보낸 편지를 보자.

> 우리는 세바스티앙의 기발함을 깨닫게 되었습니다. 어떤 곳은 웃게 했고, 또 어떤 곳은 분노하게 만들었습니다. 그는 사흘 전 제가 있는 곳으로 찾아왔습니다. 그리고 자신의 신약성서를 출판하면 어떨지 저에게 물었습니다. 저는 많은 곳을 정정할 필요가 있다고 대답했습니다. 왜 그러냐고 묻기에 전에 그가 견본으로 저에게 건네준 몇 개 장에 대해 지적했습니다. 그는 앞으로 좀 더 주의를 기울이겠다고 말하면서도 저의 결단을 거듭 요청하였습니다. 저는 간행을 방해할 생각이 없지만 그전에 장 지라르에게 말했듯이 전체를 훑어보고 필요한 곳은 반드시 정정을 하겠다고 하였습니다. 그는 이 조건을 거부했습니다.

지금 식으로 표현한다면, 카스텔리오에게 '언론·출판·집회 결사의 자유'는 가톨릭으로부터 획득한 정신적 재화의 일부여서 그 자신도 그 혜택을 누릴 권리가 있었다. 하지만 칼뱅은 개신교의 믿음에 기초해서 세워질 도시공동체의 일치와 통합이 결코 위험에 빠지는 일만큼은 피해야 한다고 생각했다. 그래서 그는 가톨릭으로부터 획득한 정신적 재화의 일부가 일치와 통합에 방해가 된다면 과감하게

'손을 댈 수도 있다'고 여겼다. 바로 여기에서 자유와 규율을 둘러싼 영원한 갈등의 씨앗이 자라났다고 하겠다.

목사직 청원과 아가서 해석을 둘러싼 대립

프랑스어 성서 출판 문제가 좀처럼 해결의 기미를 보이지 않는 상황에서 두 사람 사이에 더 곤란한 문제가 발생했다. 카스텔리오가 목사직을 원했기 때문이다. 앞서 언급한 페스트는 1543년 말에 종식되었지만, 그해는 악천후와 일손 부족으로 수확이 극히 저조해 제네바는 심각한 기아에 시달리고 있었다. 그로 인해 물가도 급등하였다.

카스텔리오의 가정 경제도 악화되어 그는 시의회에 교장직의 급여 인상을 요청하였다. 그렇게 되지 않으면 좀 더 나은 급여를 받을 수 있는 다른 직장을 구해야 할지도 모른다고까지 덧붙였다. 이 소식을 들은 칼뱅은 즉각 비레에게 편지를 보내 카스텔리오를 대신할 수 있는 다른 인물을 학교장에 추천해달라고 부탁했다.

그러나 시의회는 학자이자 교육자로서 카스텔리오의 명성을 아깝게 여겨 그의 사임을 받아들이지 않았다. 대신 카스텔리오가 학교장직을 수행하면서 목사직을 겸임하는, 실질적으로 급여를 인상해줄 수 있는 방안을 제시했다. 그런데 그렇게 하려면 카스텔리오가 목사 자격을 얻어야 할 뿐 아니라 정식으로 임직을 수행해야만 했다.

제네바 교회의 목사 선임 절차는 1541년 9월 칼뱅이 제네바에 돌아온 직후 시의회에 제출하여 승인받은 '교회계율'에는 명기되어 있지 않지만, 칼뱅이 언급한 바에 따르면, 다음과 같았을 것으로 추측된다.

> 새로운 목사는 우리 동료들이 선임하도록 한다. 후보자는 주어진 이런 저런 성구(聖句)에 정통함을 그 해석을 통해 증명해야 한다. 거기에서 교리의 주요점에 대한 질문이 이루어진다. 마지막으로 우리와 회중 앞에서 설교를 해야 하며, 이때 시의회 의원 두 명이 임석한다. 목사로서의 수업이 충분하다고 판단되면 우리는 증명서를 첨부하여 시의회에 추천한다.

당연한 일이지만, 시의회가 제시한 해결책도 카스텔리오만 예외로 하여 이 과정을 생략할 수는 없는 일이었다.

아니나 다를까, 칼뱅 측 목사단은 카스텔리오의 목사 임용에 반대의 목소리를 냈다. 반대의 근거는 카스텔리오의 성서 해석이었다. 논점은 크게 두 가지였다. 첫 번째는 구약성서 39권 중 하나인 아가서를 어떻게 볼 것인가 하는 문제였다. 구약성서는 율법과 예언, 문학, 세 가지로 이루어져 있다고 보는 것이 상식인데, 그중에서 문학에 속한 이 문헌은 서두에서도 알 수 있듯이 대단히 육감적인 서정과 로망으로 흘러넘친다.

> 솔로몬의 아가라
> 내게 입 맞추기를 원하니 네 사랑이 포도주보다 나음이로구나
> 네 기름이 향기로워 아름답고 네 이름이 쏟은 향기름 같으므로 처녀

들이 너를 사랑하는구나.(아가 1:1~3)[11]

내 사랑 너는 어여쁘고도 어여쁘다 너울 속에 있는 네 눈이 비둘기 같고 네 머리털은 길르앗 산기슭에 누운 염소 떼 같구나
네 이는 목욕장에서 나오는 털 깎인 암양 곧 새끼 없는 것은 하나도 없이 각각 쌍태를 낳은 양 같구나 네 두 유방은 백합화 가운데서 꼴을 먹는 쌍태 어린 사슴 같구나.(아가 4:1~2,5)

고대의 교부들 이래 정통교회의 입장은, '아가(雅歌)'는 그리스도와 교회 사이에 존재하는 깊은 애정의 비유적 실현이라는 것이다. 즉 신랑인 그리스도와 신부인 교회 사이에는 애정과 신뢰가 존재하며, 신의 영감을 받은 저자 솔로몬이 그것을 기록했다는 견해가 일반적이었다. 그런데 카스텔리오는 이미 15세기 말부터 등장한 문헌학적 방법에 따라 아가는 고대 이스라엘의 세속적인 연애가를 모은 것이라고 이해하였다. 그렇다면 그의 아가 이해는 "성서는 모두 신의 영감을 받아 쓴 것"이라는 성서 자체의 표현[12]을 부정하는 것이 아닌가. 성서의 영감성이 흔들리게 되면 성서의 규범성 자체까지도 위험에 빠질 수밖에 없다. 칼뱅의 입장에서는 어떤 경우에도 이러한 해석을 허용해서는 안 된다고 생각한 것도 무리는 아니었다.

---

11 이 책의 성서 번역문은 대한성서공회의 '개역개정 성서'에 따른다.-옮긴이

12 "모든 성경은 하나님의 감동으로 된 것으로 교훈과 책망과 바르게 함과 의로 교육하기에 유익하니"(디모데후서 3:16)-옮긴이

'지옥강하' 해석 문제

또 하나의 논쟁점은 '그리스도의 지옥강하(地獄降下)'라고 부르는 교리에 관한 것이었다. 성서 본문 자체, 즉 베드로전서에는 "그가 또한 영으로 가서 옥에 있는 영들에게 선포하시니라"(3:19) 하는 문장이 나온다. 늦어도 중세 초기에 성립되었고, 이후 가장 보편적 그리스도교의 신앙고백이 된 '사도신경'에서는 그리스도에 대한 신앙을 이야기하면서 십자가에 못 박혀 죽고 묻힌 그리스도가 '지옥' 즉 '저승'에까지 내려갔으나 거기서 부활하여 하늘로 올라갔다고 고백한다.[13]

일반적으로 육체가 생물학적 죽음을 맞은 뒤 인간의 영혼이 어디로 가는가 하는 소박한 의문은 동서양을 불문하고 어느 종교에서든 풀어야 할 중대한 과제였다. 사실 성서의 신구약 모두 이 보편적 의문에 확실하고 구체적인 대답을 갖고 있지는 않지만, 신자들이 기이하다고 할 수 있는 생각조차 신자들이 껴안았다는 것은 신에 대한 절

---

13 사도신경은 가톨릭과 개신교를 비롯한 여러 교파의 해석이 조금씩 다르지만, 그 내용은 거의 같다. 지옥강하와 관련된 부분은 다음과 같다. "십자가에 못 박혀 돌아가시고 묻히셨으며 저승에 가시어 사흗날에 죽은 이들 가운데서 부활하시고 하늘에 올라."(가톨릭) "십자가에 못 박혀 죽으시고 장사한 지 사흘 만에 죽은 자 가운데서 다시 살아나시며 하늘에 오르사."(한국 개신교) 그런데 한국 개신교의 번역문에는 "지옥강하" 부분이 빠져 있다. 즉 "저승에 가시어"라는 표현은 성서적 근거가 없다는 이유로 번역문에서 뺐다는 것이다. 그러나 이 문구의 삽입 여부를 둘러싼 논란은 지금도 계속되고 있다. 애초에 "지옥강하"가 교리상 문제가 된 것은 라틴어 원문에 나오는 "descendit ad inferos"라는 표현 때문이다. 직역하면 "지옥(inferos)에 내려가셨다"인데, 이 지옥이 무엇을 의미하는지 다양한 신학적 견해가 제시되었다. inferos는 저승과 지옥, 죽음을 아우르는 '지하세계'라는 의미를 갖고 있으나, 보통 형벌을 받는 장소인 '지옥'으로 해석하는 것이 일반적이다.-옮긴이

지옥에 강하하여 의인들을 구하는 그리스도(아라곤 박물관)

대적 믿음의 소산이라고 할 수 있다. 아무튼 그리스도교가 유럽 세계의 종교로 뿌리내릴 수 있게 된 것은 민중의 소박하고 절실한 이 의문에 어떤 형태로든 응답해야 할 필요성에 부응하였기 때문이다.

중세 그리스도교는 상당히 구체적으로 눈으로 볼 수 있는 형태의 '지옥'을 그려냈는데, 그것만으로는 부족했는지 천국과 지옥의 중간 단계인 '연옥'까지 그려냈다. 단테의 『신곡』은 이 같은 중세적 세계관을 그대로 보여준 뛰어난 문학작품이라고 할 수 있다. 그렇지만 대부분의 종교개혁가들은 연옥을 성서에 근거가 없는 중세교회의 날조일 뿐이라며 받아들이지 않았다. 그럼에도 질문 자체는 여전히 유효했다.

원래 천국이나 지옥에 관한 관념은 고대와 중세의 우주관·세계관과 결부되어 있었는데, 천동설에서 지동설로 넘어가는 천문학의 획기적인 전환을 목전에 두고서는 현대신학의 용어를 빌려서 말하면 "비신화화(非神話化)"를 요구받게 되었다. 루터도 어떤 글에서 '천국'이란 희망을 품고 있는 상태, 반대로 '지옥'은 절망하고 있는 상태, '연옥'이란 어느 쪽도 아닌 상태라고 설명하였다. 카스텔리오가 루터의 이 표현을 봤는지 알 수 없지만, 그 자신은 사도신경의 이 어구를 어디까지나 상징적·비유적으로 해석해야 한다고 생각했던 것만큼은 분명하다.

여기서 칼뱅의 명예를 위해 한마디 첨언하면, 칼뱅 자신도 이 표현을 반드시 자구 그대로 받아들이지는 않았다. 이 시기에 아이들의 신앙교육을 위해 간행한 『제네바 교리문답(Geneva Catechism)』[14]을 보면, 제65문에서 이렇게 설명하고 있다.

– 그 후에 곧 지옥으로 내려가셨다는 표현이 있는데, 이는 어떤 의미입니까?

그분은 영혼과 육체가 분리되는 일반적인 죽음을 당하셨을 뿐 아니라, 베드로가 말한 것처럼 사망의 고통까지 겪으셨습니다. 따라서 이 표현은 그분의 영혼이 그곳에 갇혀버리는(constricta) 무서운 고통을 가리키는 것이라고 저는 이해합니다.

---

14 칼뱅은 교회의 자녀들이 개신교 신앙의 기본적인 가르침을 끊임없이 교육받지 않으면 교회가 진정으로 개혁되지 않는다고 생각했다. 그래서 자신의 『기독교 강요』를 요약한 교리문답을 만들어 신앙교육에 사용하였다.-옮긴이

칼뱅의 주저인 『기독교 강요』에서 인용하면 다음과 같다.

> 그리스도의 죽음이 단순히 육체의 죽음뿐이었다면, 그 죽음은 아무런 의미가 없다. … 그리스도의 육체는 구속의 대가로 주어졌을 뿐 아니라 그보다 더 위대한 훌륭한 가치, 즉 정죄와 버림을 받은 사람의 무서운 고통을 그의 영혼이 겪으셨다는 것을 우리가 알게 하려는 뜻이다.(제2권 16장 10)

칼뱅의 이런 해석이 "지옥강하는 그리스도가 신의 법정에서 겪어야 했던 '양심의 떨림'이었다"는 카스텔리오의 해석과 본질적으로 화해 불가능할 만큼 다른 것이었을까? 오늘날의 관점에서 판단하기에는 어려운 문제가 아닐 수 없다. 어느 쪽이든 자신의 양심에 충실했다는 사실만큼은 의심의 여지가 없다. 그렇다면 결국 두 사람의 기질 차이라고 설명할 수밖에 없지 않을까.

그런데 이 시기, 즉 1543년 후반부터 이듬해 전반기까지 제네바에서 칼뱅의 지위는 상당히 불안했다. 제네바의 요청에 응해 귀임했지만 시의회와 대다수 시민은 칼뱅에게 결코 호의적이지 않았다. 그가 언제 해임되어 추방의 괴로움을 겪게 될지 알 수 없는 상황이었다. 그만큼 목사단의 일치된 신임이 절대적으로 필요했다. 따라서 카스텔리오가 주장하는 성서 해석의 자유가 칼뱅에게 얼마만큼 큰 위기감을 불러일으켰을지 굳이 말할 필요가 없을 것이다.

교장직 사임과 목사단 비판

목사단이 자신의 요청을 거부했다는 사실을 알게 된 카스텔리오는 1월 12일, 시의회에 출두하여 교장직 사임 의사를 밝혔다. 그리고 칼뱅이 자신과 관련해서 제기한 문제에 대해 스스로를 변호할 기회를 달라고 요청하였다. 그렇지만 시의회는 목사들의 신학 논쟁에 개입할 의사가 조금도 없었다. 이 시기의 시의회 회의록을 보면, 무슈 칼뱅과 무슈 바스티안 샤티옹 사이에서 벌어진 논쟁기록이 남아 있다.

> 다음과 같이 결의함. 두 사람 사이에서 일어난 사안을 공개하도록 하며, 개인적으로 논쟁하도록 한다.(2월 18일)[15]

카스텔리오는 목사단에게 자신을 목사로 받아들이지 않는 이유를 문서로 설명해달라고 요청하였다. 목사단은 이 요청을 들어주었는데, 대략의 요지는 다음과 같다.

> 지금까지 우리의 학교 교장이었던 세바스찬 카스텔리오는 휴가를 신청하여 시의회의 허락을 받았다. … 지금 다른 도시로 옮겨가려 하기에 그는 우리에게 과거 생활에 대한 품행증명서 발급을 요청하였다. 우리는 이 요청을 거절해서는 안 된다고 믿는다.
>
> 우리는 아래와 같이 약술한다. 우리는 일치된 의견으로 그에게 목사

---

15 *Calvini Opera*, 328~329쪽

의 임무를 맡길 예정이었다. 그리하여 관례에 따라 그의 교리가 모든 점에서 우리와 일치하는지 물었다. 그런데 그는 우리 생각과는 결코 합치하지 않는 두 가지 논점이 있다고 대답했다. …

주요한 논점은 아가에 대한 것이었다. 그는 아가가 난잡한 연애시로서 솔로몬은 거기에서 자신의 불륜한 사랑을 노래한다고 말했다. 우리는 그에게 공동 교회가 지금까지 전적으로 동의해왔던 사안을 무모하게 멸시해서는 안 된다고 지적했다. 성서의 어느 책이든 그 진정성을 둘러싼 논란이 없었던 것은 아니지만, 그렇다고 이 책을 공공연하게 받아들이지 않은 사람은 지금껏 아무도 없었다. 우리는 그에게 자신의 판단을 과신하지 말라고 권고했다. 그가 태어나기 전부터 명백한 것에 대해 이론을 제기하는 경우에 특히 그렇게 하라고 하였다. 우리는 그에게 이 책과 시편 55편의 유사성을 지적했다. …

이런 논의가 모두 아무런 소용이 없어지자 우리는 어떻게 하면 좋을지 논의했다. 일치된 결론은 "이런 상황에서 그를 목사로 받아들이는 것은 위험하며, 나쁜 예를 남기게 된다"는 것이었다.

무엇보다도 지금까지 모든 교회가 신성한 책, 정전(正經)으로 여겨왔던 이 책(아가)을 공공연하게 부인할 뿐 아니라 단죄하려는 사람을 목사로 받아들이면, 모든 신자가 마음에 매우 큰 상처를 입게 될 것이다. 그리고 복음을 비방하고, 우리의 교회를 갈라놓으려는 적대자들에게 문을 열어주어 중상하려는 자에게도 기회를 제공하게 될 것이다. 끝으로 지금은 물론이고 앞으로도 전도서나 잠언, 그리고 그 밖의 여러 책을 받아들이지 않으려고 기도(企圖)하는 자들에 맞서 그 책들이 과연 성령과 부합하는지를 따지지 않고 논의를 끝내버린다면 우리는 그 책임을 추궁당하지 않을 수 없게 될 것이다.

그러나 아무도 세바스찬의 사임 이유가 앞서 언급한 것 외의 다른 동기 때문이라고 오해하지 않은 것처럼 그의 교장직 사임이 자신의 의지에 따른 일이라는 것을, 그의 행선지가 어느 곳이 되든, 우리는 사실대로 증언할 것이다. 지금까지 그의 삶은 전혀 나무랄 데가 없었을 뿐더러 그가 목사직에 적합하다고 우리는 판단했다. 그렇지만 그가 거부된 것은, 생활상의 결함이나 신앙의 요점과 관련하여 불경한 교리를 믿었기 때문이 아니라 단순히 위에서 언급한 이유 때문이다.

제네바 교회 목사 일동

일동을 대신하여 그 명령에 따라 서명한다.

장 칼뱅[16]

그로부터 며칠 후인 2월 11일 칼뱅은 로잔에 있는 친한 동료 목사 비레에게 다음과 같은 편지를 썼다.

세바스찬은 우리의 편지를 가지고 로잔으로 향했습니다. 그가 조금이라도 자신의 이해에 도움이 되는 쪽으로 배려를 받았으면 좋겠다고 생각했습니다. 그렇게 하면 우리는 교회에 손해가 되지 않는 다른 방법을 찾을 수 있고 또 그에게도 좋은 일이 될 수 있다고 생각했습니다. … 그가 목사직을 얻을 수 없었던 이유를 분명하게 언급하지 않고

---

16 *Calvini Opera* XI, 675~676쪽.

무언가 장애가 있었다고 막연하게 언급하는 게 더 나았을지 모릅니다. 그렇게 하면 쓸데없는 억측을 막을 수 있었을 것입니다. … 알다시피 그의 바람과 달리 시의회에서는 그의 청원을 받아들이지 않았습니다. 논의가 없었던 것은 아닙니다. 저로서도 (그의 처지를) 크게 동정하였습니다. 게다가 로잔에서도 그의 바람대로 되지 않을 수 있다고 생각하면 더욱 유감이 아닐 수 없습니다. 그곳에 계신 분들이 가능한 범위 내에서 그를 도와주시기 바랍니다.

이 편지는 단순히 칼뱅의 미사여구만으로 생각되지 않는다. 자신이 스트라스부르에서 발탁했을 뿐 아니라 제네바 부임을 간청했던 카스텔리오의 운명이 예상 밖으로 급전직하하자 칼뱅은 몹시 당황했을 뿐 아니라 연민의 정도 금할 수 없었을 것이다. 그러나 이 두 사람 사이에서 벌어졌던 일은, 원리원칙은 물론 삶의 방식 자체를 건 대립이었다. 여기에는 개인적인 동정과 양보가 개입할 여지가 조금도 없었다.

원래 시의회는 합당한 후계자를 곧바로 물색해야 했지만 상황이 여의치 않아 카스텔리오는 당장 얼마 동안은 자신의 처지에 불편함을 느끼면서도 제네바에 머물러 있을 수밖에 없었다. 몇 개월 후 다시 사건이 일어났다. 1541년 9월에 제정된 '교회계율'에 따라 제네바의 목사들은 성서연구와 설교의 상호 연찬(硏鑽)을 위해 매주 목요일에 모이는 것이 하나의 의무였다. 카스텔리오는 앞서 언급한 이유로 목사직을 얻지는 못했지만 이미 제네바 교회에서 설교를 맡고 있었기 때문에 이 목사들의 모임에도 참여하고 있었다.

1544년 5월 30일 모임에서 칼뱅은 신약성서 고린도후서 6장을 설교의 텍스트로 제시했다. 여기에서 사도 바울로는 전도 현장에서 겪은 수많은 고난에 대해 언급하면서 신자와 비신자, 의와 불의, 빛과 어둠을 분명하게 구분해야 한다고 자신의 교회 신자들을 향해 엄하게 명령한다.

카스텔리오는 60여 명의 출석자들 앞에서 사도 바울로와 제네바 교회 목사들의 삶의 방식을 비교하면서, 사도 시대의 그리스도교에서 일탈했다고 매섭게 지적하고 비판하였다. 그 내용은 칼뱅이 다음 날 과거 제네바에서 함께 어려운 시절을 보냈고, 그 당시 뇌샤텔에 주재하고 있던 선배 파렐에게 보낸 편지에 이렇게 기록되어 있다.

> 바울로는 신의 종이었지만, 우리는 자기 자신의 노예다. 바울로는 인내심이 강했지만, 우리는 성질이 급하다. 바울로는 교회의 덕을 높이기 위해 잠을 자지 않고 밤을 보냈지만, 우리는 유흥으로 밤을 보낸다. 바울로는 깨어 있었지만, 우리는 취해 있다. 바울로는 분열의 위협을 물리쳤지만 우리는 불륜을 저지르고 있다. 바울로는 투옥되었지만 우리는 말로써 자신들을 비판하는 자들을 가두고 있다. 바울로는 신의 권능을 행사했지만 우리는 다른 권능에 의지하고 있다. 바울로는 세상 사람들을 위해 고난을 겪었지만 우리는 죄가 없는 자들을 박해하고 있다.[17]

---

17 *Calvini Opera* XI, 675~676쪽

신조인가 행위인가

앞서 언급했던 것처럼 15세기 후반 이래 양식 있는 유럽인들에게 개혁의 필요성은 자명한 이치였다. 문제는 어디를 어떻게 개혁해야 하는가 하는 것이었다. 루터는 자신감에 자랑을 더해 "지금까지 개혁가는 생활을 문제로 삼았지만, 나는 '가르침'에 문제를 제기한다"고 언명했다. 즉 '종교' 개혁은 무엇보다도 교리와 교의(教義)의 변혁이며, 단순한 도덕의 개선 노력이 아니라는 의미이다.

물론 교리의 전환은 당연히 윤리의 개혁도 수반해야 한다. 그러나 생활은 과실일 뿐 나무 자체가 아니다. 좋은 나무는 좋은 과실을 맺지만 그 반대의 경우는 결코 있을 수 없다는 것이 종교개혁가들이 공통적으로 가진 확신이었다. 그랬기 때문에 기대만큼 생활의 개혁이 일어나지 않았을 때는 고뇌와 의심이 깊어지는 것도 당연한 일이었다.

원래 그리스도교에서 '경건'의 역사적 전통은 처음부터 교리상의 정통성보다 윤리적인 면을 더 중시했고, 적어도 양자를 대등하게 보는 흐름이 오랫동안 이어져왔다. 특히 중세 후기의 신비주의와 거기에 뿌리를 둔 '새로운 경건(devotio moderna)'[18]으로 불렸던 신앙의 실천에서도 신앙상의 정통성보다 윤리적인 순정함을 더 중시하였다. 영어식으로 표현하면 creed(신조)보다 deed(행위)라는 것이다. 물론 어떠한 경우에도 신조 그 자체를 부정·폐기하는 것은 있을 수 없는 일

---

18 보통 "근대의 경건"이나 "근대의 헌신"으로 옮기기도 하고, 가톨릭에서는 "새로운 신심"이라는 표현을 쓰기도 한다.-옮긴이

이지만, 어느 정도 신앙에 부합한다면 나머지는 생활면에서 청렴·청순함으로 판단해야 한다는 것이었다. 이 책 후반부에서 자세히 소개할 테지만, 카스텔리오의 사상과 행동은 바로 이런 사상적 흐름에 근거를 둔 것이었다.

그런데 개신교의 종교개혁이 목표로 삼은 것은 일차적으로 '오직 성서(Sola Scriptura)'와 '오직 신앙(Sola Fide)'이라는 교리의 확립이었다. 원래 칼뱅 자신도 개신교 신앙에서 탄생한 새로운 윤리(이는 근대세계의 형성에까지 관련되어 있지만)의 필요성을 무엇보다 강조했다는 사실은 널리 알려져 있다. 거기에서 파문(破門)이라는 징계조처, 즉 성찬식의 순정성을 지키기 위한 '배찬(陪餐)[19] 정지 처분', 그리고 그것을 판단하기 위한 장로회의 제정과 운용에 대한 정열도 생겨났다.

그럼에도 불구하고 교회와 사회 전체를 포괄하면서 새롭게 태어나야 할 개신교 공동체는 근본적으로 하나의 이념 혹은 이상으로 성립되어야 하는 집단이기에, 그 제방의 일각에 개미구멍만 한 틈새라도 생긴다면 전면적으로 붕괴할 위험이 도사리고 있었다. 그 결과는 '행위'보다는 '신조'를 중시하는 공동체의 성립이었다.

칼뱅은 즉각 시의회로 달려가 카스텔리오의 언동을 규탄했다. 다시 언급하지만, 교리상의 논쟁으로 당혹감을 숨길 수 없었던 시의회는, 이전에도 접촉한 바 있는 로잔의 비레에게 제3자로서 중재를 요청했다. 6월 11~12일 이틀에 걸쳐 당사자들인 목사들과 중재자인 비

---

19 배찬은 개신교에서 성찬식을 할 때 그리스도의 몸과 피를 상징하는 빵과 포도주를 받아 모시는 것을 지칭하는 말이다. 성체배령(拜領)이라고도 한다.-옮긴이

례, 그리고 카스텔리오가 모두 모임으로써 시의회는 쌍방의 주장에 귀 기울이는 모습을 보였다. 그렇지만 뚜렷한 해결책은 내놓지 못한 채 벙드빌르(Vendeville) 교회의 설교자로 다른 사람을 초빙한다는 결정 정도만 하고 말았다.[20] 그리하여 카스텔리오가 학교장에서 사임하는 최종적 결말을 맞게 되었다.

1554년 말 카스텔리오는 전임자였던 코르디에를 방문하여 선처를 요청했지만 현실적 문제에서 코르디에가 할 수 있는 것은 아무것도 남아 있지 않았다. 그런데 다행히도 바젤로 향했던 카스텔리오에게 저명한 인쇄업자이자 인문주의자로 알려져 있던 요한 오포리누스(Johann Oporinus)가 구원의 손길을 내밀었다. 오포리누스는 과거 칼뱅의 『기독교 강요』 초판의 출판자였지만 이번에는 극도로 곤궁한 처지에 놓인 카스텔리오에게 따뜻한 도움의 손길을 내밀었던 것이다.

오포리누스는 카스텔리오에게 교정자의 지위를 약속했다. 당시 인쇄업자에게 능력 있는 교정자의 확보는 중대한 사안이었다. 바젤의 종교개혁가 요하네스 외콜람파디우스(Johannes Oecolampadius, 1482~1531)가 20년 전 수도원에서 도망쳐서 이곳에 도착했을 때 그를 보호하고 일자리를 마련해준 사람도 인쇄업자였던 안드레아스 크라탄더(Andreas Cratander)였다.

한때 앞날이 창창해 보였던 카스텔리오는 한 차례 제네바로 돌아와 아직 그곳에 남아 있던 가족을 데리고 다시 제네바를 떠났다. 1545년 초의 일이었다.

---

20 *Calvini Opera* XI, 337~339쪽.

바젤 시대

바젤의 종교개혁

바젤은 라인강의 풍부한 수량을 활용한 내륙 교역의 중심으로서, 과거 로마제국 시대부터 군사·경제·문화의 주요 거점이었다. 8세기에 가톨릭 주교좌가 설치되었는데, 이 제국 자유도시의 실질적 주권자는 역대 주교들이었다. 지금도 옛 모습이 그대로 남아 있는 고딕 양식의 주교좌 대성당을 비롯해 9세기까지 거슬러 올라가는 로마네스크 양식의 성 마르틴 교회 등 많은 교회와 수도원은 오늘날에도 과거의 번영을 보여주고 있는 듯하다.

바젤은 또한 신비주의의 아성으로도 알려져 있었는데, 요하네스 타울러(Johannes Tauler, 1300?~1361)와 에크하르트(Eckhart von Hochheim, 1260?~1328?) 등도 이 도시와 적잖은 인연이 있다. 경제적 번영은 물질적·지적으로 풍요로운 시민계층을 탄생시켰으며, 시민들은 동업조합을 결성하여 귀족계급에 맞서 시의 행정에서 실권을 장악하고 자 했다.

16세기 초반 1만 수천 명이 주민이 거주했던 바젤은 스위스 맹약 공동체에서도 가장 유력한 도시국가의 하나였으며, 게다가 문화·학문 예술의 최대 중심지였다. 제지·인쇄·출판과 그와 관련된 산업이 발전하였으며, 여기에 매력을 느낀 많은 문인과 학자들이 몰려들었다. 또한 1460년에 창립된 이 도시 유일의 바젤 대학의 존재도 빠뜨릴 수 없다.

인문주의의 거두인 에라스뮈스 역시 얼마간 바깥에 나가 활동한 기간을 빼면 1516년부터 그가 숨을 거둔 1536년까지 계속 바젤에 머물렀을 만큼 매력 넘치는 곳이었다. 오포리누스, 요한 프로벤(Johann Froben), 안드레아스 크라탄더, 아담스 페트리 등 지적 융성함을 상징하는 이 도시의 인쇄소들은 에라스뮈스의 그리스어 신약성서, 루터의 독일어역 성서를 비롯한 많은 개혁 문서들을 차례로 인쇄·출판하였다.

시민계층이 한층 더 큰 정치·경제상의 실권을 장악하기 위한 과정에서 극복해야 할 가장 큰 장애는 종교적·영적 지도자였을 뿐 아니라 거대한 경제세력이었던 가톨릭교회였다. 엄청난 규모의 교회 영지와 막대한 교회세 수입을 손아귀에 움켜쥔 가톨릭교회는 유럽 최대의 경제조직이었다. 시민들의 정치적 자유와 경제적 향상을 지향하던 운동은 원래부터 이 도시에 떠돌던 정신적 자유의 분위기와 굳게 결합하였다. 이런 사상적·물질적 토대 위에서 종교개혁이 일어났던 것이다.

1523년 봄, 지난 해 가을에 이곳으로 망명 온 외콜람파디우스는

성상 파괴운동 때 개신교도들에 의해 파괴된 성 마틴 성당의 부조
(네덜란드 위트레흐트)

구약성서 이사야서에 바탕을 둔 강해설교를 시작했다. 그러자 그의 주변에 개신교를 신봉하는 일군의 지지자들이 몰려들었고, 바젤에서도 취리히나 그 밖의 다른 도시공화국에서처럼 자연스럽게 신앙의 분열이 일어났다. 사태의 심각성을 깨닫지 못하고 미봉책으로 일관하거나 미루고 지체하는 데만 골몰하던 시의회의 태도에 분노한

시민계층은 1529년 2월 성화상(聖畫像) 파괴라는 대규모 폭동을 일으켰고, 단숨에 바젤의 개신교화를 관철시켰다. 수년 후인 1531년 가을, 외콜람파디우스가 갑작스럽게 사망했지만 바젤은 취리히, 베른과 함께 개신교 진영의 강고한 성채가 되었다.

바젤 시대

개신교로 전환이라는 계기도 있었지만, 애당초 에라스뮈스로 대표되는 인문주의의 영향으로 바젤은 자유와 관용의 정신이 지배하는 도시가 되었다. 그런 면에서는 라인강 연안 조금 아래쪽에 있는 스트라스부르도 바젤과 상당한 유사성을 지니고 있었다. 사실 이 두 개의 제국 자유도시는 여러 의미에서 정치적·종교적·문화적·경제적으로 밀접하게 연대해왔다. 도시에서 통용되던 언어는 독일어였는데, 카스텔리오는 독일어 구사가 가능했을 뿐 아니라 당시 지식계급의 공용어인 라틴어로 소통하는 데도 아무런 문제가 없었기에 언어로 인한 제약은 전혀 없었을 것이다. 이렇게 해서 그가 사망할 때까지 거주하게 될 바젤 시대가 시작되었다.

바젤에서 카스텔리오의 생활은 결코 편안하지 않았다. 게다가 아내는 물론 자신도 일가붙이 하나 없는 곳의 생활은 곤궁하기 이를 데 없었다. 오포리누스가 약속한 인쇄교정 일도 실질보다는 명성의 문제여서, 그것만으로는 생활을 꾸리기에 한참 미치지 못하였다. 하루하루가 카스텔리오에게는 생존을 위한 싸움이었다. 제자 중 한 사람인 폴 쉴러는 옛 스승의 생활을 이렇게 표현하고 있다.

> 안개 낀 겨울 밤, 조금이라도 몸을 녹이고, 궁핍한 식사를 해결하기 위해 그가 라인강 기슭에서 강 위에 떠다니는 나무를 끌어올리는 모습이 사람들의 눈에 띄었다. 그는 사랑하는 아내를 부양하기 위해서라면 강에 그물을 던지고, 손수 밭가는 것을 부끄러워하지 않았다. 이렇게 그는 자신이 맞닥뜨린 운명의 가혹함을 다소나마 누그러뜨리려 했다.[21]

자신의 생활 상태를 알게 된 칼뱅이 자기를 비난하는 듯한 말을 했다는 소식을 전해 들은 카스텔리오는 거센 어조로 반론을 폈다.

> 귀하는 나를 절도죄로 비난했다. 의심할 바 없이 귀하는 내가 빈곤한 처지에 놓여 있다는 것을 전혀 몰랐을 것이다. 그런데 사실 이 곤궁함은 내 탓이 아니라 귀하의 중상 때문이 아닌가.
>
> 지난 몇 년간 나는 (프랑스어) 성서 번역에 전력을 다해왔다. 그러나 그 일은 오히려 몇몇 사람들의 증오와 질투를 불러일으켰을 뿐이다. 오히려 나는 그 사람들에게 다른 감정을 기대할 권리가 있음에도 불구하고 말이다. 비록 끼니의 어려움이 있다고 해도 나는 그 일에 전력을 기울여왔기에 중단하지 않을 것이다. …
>
> 내가 사는 곳은 라인강과 접해 있는데, 가끔 강에 흘러 다니는 목재

---

21 Delormeau, 56쪽.

를 끌어올려서 추위에 얼어붙은 집을 덥히기 위해 썼을 뿐이다. 그런 일을 귀하는 절도죄라고 비난했다. 더구나 호의나 솔직함은 눈곱만큼도 없이 마음대로 판단하였다. 그러나 이런 강물에 흘러 다니는 나무들은 모두의 것이며, 처음 주운 사람의 소유가 되는 것이다.[22]

조금 뒤의 일이지만, 철학자 몽테뉴는 두 사람의 석학이 매일 끼니도 잇기 어려운 견디기 힘든 생활 속에 방치되었다는 사실을 지적하며 자신의 시대를 부끄러워했다. 그중 한 사람은 이탈리아 페라라의 시인이자 고고학자인 릴리오 그레고리오 지라디(Lilio Gregorio Giraldi, 1479~1552)였고, 또 한 사람은 두말할 필요도 없이 카스텔리오였다.[23]

생활고에도 불구하고 카스텔리오는 생존을 위한 최소한의 노동을 제외한 나머지 시간은 모두 면학에 쏟아 부었다. 바젤 도착 반년 후 신학년이 되자 카스텔리오는 바젤 대학에 정식으로 입학 절차를 밟았다. 지금도 남아 있는 신입생 명단에는 "1545년 10월 13일 인문학부"로 기록되어 있다. 이미 서른의 나이였다. 카스텔리오가 인문학부의 최고학위인 마기스테르(magíster)[24]를 취득한 것은 8년 후인 1553년 8월 1일이었다. 그로부터 불과 한두 달 뒤에 세르베투스 사건이 발생했다.

카스텔리오는 학위 취득과 동시에 바젤 대학에서 그리스어를 가

---

22 위의 책 57쪽. Jules Bonnet, *Nouveaux récits du XVI siécle*에서 인용.

23 Delormeau, 57~8쪽.

24 마기스터. 지금은 '석사'로 번역되지만 당시에는 박사와 동등했다.-옮긴이

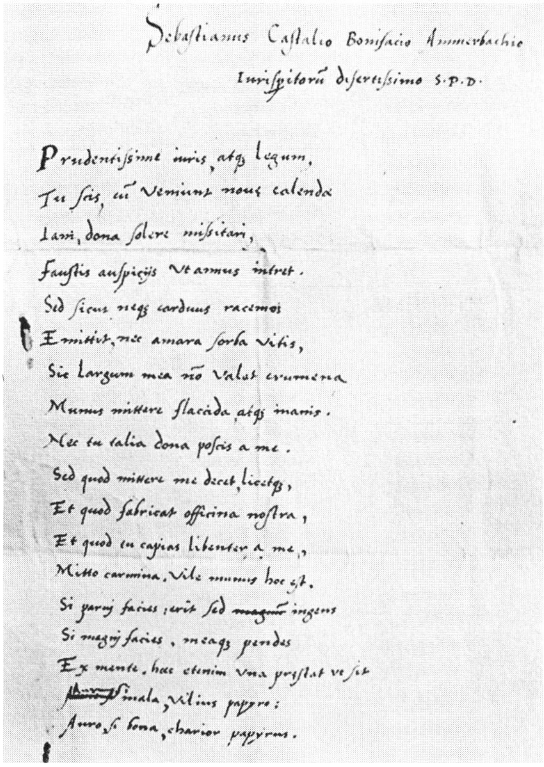

카스텔리오가
아메르바하에게
보낸 서한
경제적 사정이 여의치 않아 새해 선물을 보낼 수 없다는 내용이다.

르칠 수 있는 지위를 부여받았다. 연봉은 60프로린이었지만, 바젤의 화폐 단위는 제네바와 달라서 생활하는 데 큰 어려움이 없는 금액이었다. 같은 대학의 법학 교수로 명성 높은 인문주의자 보니파키우스 아메르바하(Bonifacius Amerbach, 1495~1562)의 지원과 주선이 큰 도움이 되었다. 그러나 방금 언급한 것처럼 이런 일은 8년 뒤의 이야기다.

라틴어 성서 번역과 헌정사

이 시기 카스텔리오에게 가장 큰 삶의 보람은 신구약성서 번역이었다. 카스텔리오는 그때까지 교회의 공용성서였던 라틴어 번역본 성서, 즉 불가타 성서가 본문 결정이나 번역 용어, 그리고 라틴어 문체 등이 그다지 만족스럽지 않았기 때문에 이것을 정확하고 기품 있는 라틴어로 번역하는 데 집중했다. 그 성과는 1546년 구약성서의 첫 다섯 권, 즉 '모세오경'의 간행으로 나타났다. 그리고 이듬해에는 '시편'이 나왔다.

성서 전체의 새로운 라틴어 번역본이 완성된 것은 1551년 2월 무렵으로, 잉글랜드 왕인 에드워드 6세에게 바치는 헌정사를 붙여 오포리누스 인쇄소에서 간행하였다. 그의 번역은 널리 호평을 받았는데, 이런 작업을 위해 히브리어와 그리스어, 라틴어, 이 세 언어에 두루 정통해야 했다는 것은 두말할 필요가 없다.

이 라틴어 개역 성서는 카스텔리오 생전에 이미 두 차례(1554, 1556), 신약의 부분 번역도 두 차례(1553, 1556) 간행되었다. 그리고 이 개역 성서는 그의 사후에도 2세기 동안 바젤과 프랑크푸르트, 라이프치히, 런던 등에서 출간되어 모두 10판에 이르렀다. 하지만 라틴어가 대학이나 교회에서조차 일상적으로 사용하지 않게 되면서 카스텔리오의 업적도 망각의 저편으로 밀려나버리고 말았다. 오히려 그의 작품이 후대까지 오래도록 기억되는 것은 성서 번역이 아니라 거기에 머리말 형식으로 붙어 있는 헌정사 때문이다.

잉글랜드의 에드워드 6세는 로마 가톨릭에서 이탈해 '종교개혁'을

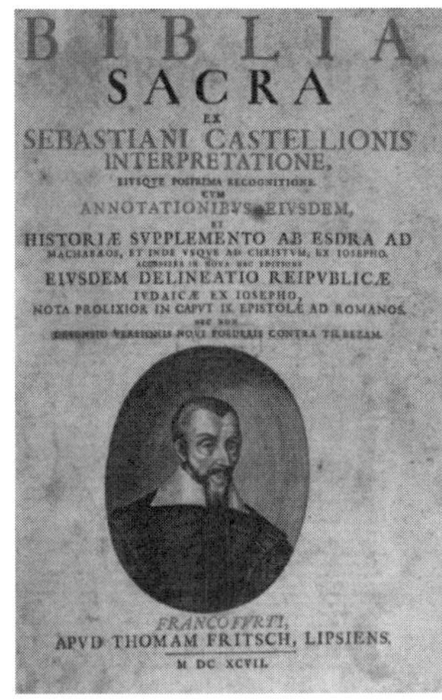
BIBLIA
SACRA
EX
SEBASTIANI CASTELLIONIS
INTERPRETATIONE,
EIVSQUE POSTREMA RECOGNITIONE.
CVM
ANNOTATIONIBVS EIVSDEM,
ET
HISTORIÆ SVPPLEMENTO AB ESDRA AD
MACHABÆOS, ET INDE VSQUE AD CHRISTVM, EX IOSEPHO.
EIVSDEM DELINEATIO REIPVBLICÆ
IVDAICÆ EX IOSEPHO,
NOTA PROLIXIOR IN CAPVT IX EPISTOLÆ AD ROMANOS.
FRANCOFVRTI,
APVD THOMAM FRITSCH, LIPSIENS.
M DC XCVII.

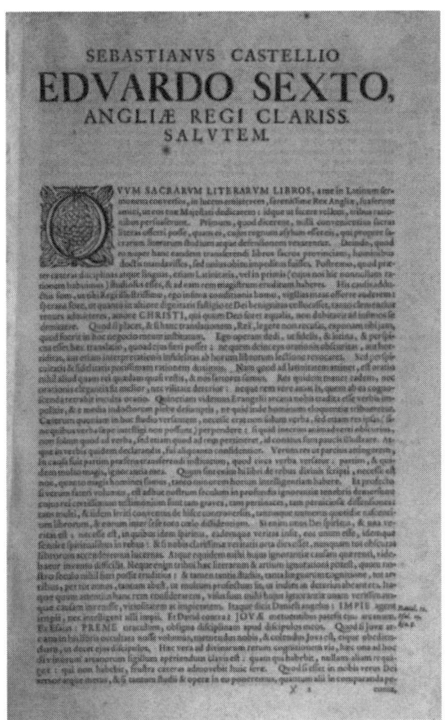
SEBASTIANVS CASTELLIO
EDVARDO SEXTO,
ANGLIÆ REGI CLARISS.
SALVTEM.

라틴어 번역본 성서 표지와
헌정사 부분

성취한 헨리 8세의 유일한 남성 왕위 계승자로서 1546년 불과 아홉 살의 나이에 즉위하였다. 하지만 그는 부왕을 뛰어넘어 개신교의 도입에 적극적으로 기여한 군주로 기록되고 있다. 영국국교회(성공회)는 에드워드 6세 치세에 그 기초를 굳건히 닦았다고 할 수 있다. 따라서 잉글랜드 국내뿐 아니라 칼뱅을 포함한 유럽 대륙의 개신교 진영 지도자들은 에드워드 6세에게 열렬한 환호의 시선을 보낼 수밖에 없었다.

그러나 1553년에 그는 열여섯 살의 어린 나이에 죽음을 맞았고 그 뒤를 이은 메리 여왕은 가톨릭으로 복귀하고 말았다. 그후 험난한 과정을 거쳐 엘리자베스 여왕 시대에 성공회가 잉글랜드의 공식 국교로 확립되어 오늘에 이르고 있다.

카스텔리오의 노작인 라틴어역 성서는 그 자체의 가치는 별도로 하더라도 거기에 붙어 있는 헌정사만으로도 충분히 기억할 만한 가치가 있다. 이 머리말은 훗날 『이단은 박해받아야 하는가』 속에 다시 등장하며, 본의 아니게 많은 글을 가명으로 써야 했던 카스텔리오의 실명으로 되어 있는 글이다. 이 헌정사는 신앙의 자유의 본격적 전개에 공헌한 것으로 오랫동안 기억되고 있다.[25]

이 헌정사에서도 칼뱅과의 대비가 인상적이다. 칼뱅의 주저인 『기독교 강요』 초판도 세속 통치자를 향한 헌정사를 붙여 출간되었다. 물론 칼뱅의 경우에는 자신의 조국인 프랑스에서 부당하게 비방받고 있는 개신교도를 변호하기 위한 것이어서 헌정의 상대는 프랑스의 프랑수아 1세다. 그런데 흥미로운 것은 두 사람이 쓴 헌정사의 논조 차이다.

칼뱅은 개신교도가 신앙을 가질 자유와 권리의 논거로, 자신들이 처해 있는 입장 자체가 절대적 규범인 성서의 빛을 따르기에 바르고 오류가 없다는 사실을 내세웠다. 자신들의 의견은 올바르며, 따라서 그것은 권리이기도 하다는 것이다. 그와 반대로 그릇된 신앙은 존립의 권리를 가질 수 없다고 주장했다.

칼뱅과 달리 카스텔리오는, 다소 극단적으로 말하면 오히려 정반

---

25 *De haereticis; an sint persequendi*(Genéva: Librairie E. Doz, 1954) 118~124쪽. *In praefatione in Biblia, ad Regem Angliae*.

대의 논거를 들고 있다. 즉 성서는 수수께끼로 가득 차 있어서 그 난해함 때문에 과거 1천 년 이상 논쟁의 과녁이 된 부분이 적지 않다. 따라서 외적인 힘으로 어느 한쪽만 받아들여서 다른 쪽을 물리치려 한다면 이 세상은 죄 없는 사람들의 피로 흘러넘치게 될 것이라고 주장했다.

> 강도와 함께 당연한 것처럼 (예수께서) 십자가에 묶여 있을 때, 실수로 그리스도를 부당하게 십자가 매단 것은 아닌가 하고 주의를 기울였어야 했습니다. 터키인은 그리스도를 사랑하기에는 너무 멀리 있었고, 유대인은 그리스도를 몹시 미워하였지만 그럼에도 우리와 함께 살아가도록 허락받았습니다.
>
> 우리가 중상하는 자, 오만한 자, 질투심 강한 자, 식탐 있는 자, 신중하지 않은 자, 술 많이 마시는 자, 그 밖에 이러저런 질병을 가진 자들을 허용하고, 그들과 함께 생활하고 먹고 마시며 함께 즐거움을 누리려 한다면, 우리와 마찬가지로 동일하게 그리스도 신앙을 고백하고 누군가에게 위해도 가하지 않으며, 자신의 신념과 어긋나는 삶을 살 바에는 아예 죽음을 택하겠다고 하는 이들에게는 적어도 같은 공기를 마시는 것을 허용해야 할 것입니다. 자신이 신봉하지 않는 바를 입에 올릴 바에는 기꺼이 죽음을 택하겠다는 이들이야말로 이른바 인간 중에서도 타락과 부패의 고리에서 가장 멀리 있는 이들입니다. 그렇기 때문에 그들은 그 어떤 것도 두려워하지 않습니다. …
>
> 이런저런 논의가 있지만 (최후의) 심판에 맡기는 것이 좋을 것입니다. 신은 우리가 사악한 자들인 것을 알고 계시기에 지금도 심판을 지연

시키며 우리의 회개를 기다려주시는 것입니다.[26]

이 헌정사는 세르베투스 사건이 일어나기 몇 년 전에 쓴 것으로, 『이단은 박해받아야 하는가』의 중심 주제가 확실하게 드러나 있다는 것을 알 수 있다. 이 점에 대해서는 뒤에서 다시 언급하도록 하겠다.

프랑스어 성서 출간

성서에 몰두한 데 따른 또 하나의 성과는 프랑스어역 성서의 출판이었다. 제네바에 재임 중이던 1544년 『성(聖)대화편』이라는 제목으로 프랑스어역 성서 발췌본이 출판되었다는 사실에 대해서는 앞서 언급한 바 있다.

카스텔리오는 성서 전체를 고국인 프랑스의 일반 서민도 쉽게 접근할 수 있도록 하기 위해 부지런히 작업을 해나간 끝에 1553년 봄에 번역을 마칠 수 있었다. 그러나 이 프랑스어역 성서의 인쇄에는 약 2년의 시간이 필요했는데, 최종적으로 『신개역성서』라는 제목으로 공식 출간한 것은 1555년 3월이었다.[27] 이 번역본의 표지에는 "이사야에서 마카베오까지, 그리고 마카베오에서 그리스도까지의 역사

---

26 *De haereticis*, 123쪽.

27 *La Bible nouvellement translatée(1555) : avec la suite de l'histoire depuis le temps d'Esdras jusqu'aux Maccab es, et depuis les maccab es jusqu' Christ : item avec des annotations sur les passages difficiles*

를 따라. 난해한 곳에는 주를 달았음. 세바스티앙 카스텔리오 옮김" 라고 쓰여 있다. 카스텔리오는 머리말에서 번역 방침과 알리는 말을 이렇게 쓰고 있다.

> 배우지 못한 일반 사람들을 염두에 두고 가능한 한 일상적인 평이한 말을 썼다. 그래서 일반 사람들은 이해하기 어려운 그리스어와 라틴어 대신 가능한 한 대치할 수 있는 프랑스어를 사용했다. 프랑스어가 없는 경우에는 부득이하게 프랑스어를 만들어서 사용했다. 한 차례 그런 말이 무엇을 뜻하는지 알게 되면 그 뒤로는 이해할 수 있도록 하였다.[28]

말하자면 일반인들은 알지 못하는 고전어 대신 일상적으로 사용하는 프랑스어로 성서를 번역했다는 것이다. 예를 들면, 유명한 그리스도의 말씀인 "이에 예수께서 제자들에게 이르시되 누구든지 나를 따라오려거든 자기를 부인하고 자기 십자가를 지고 나를 따를 것이니라"(마태 16:24)에서 "십자가"는 기존의 관념과 연상으로 가득 차 있어서 "참수용 매듭"으로 옮기는 식이다.[29]

머리말에서 카스텔리오는 제네바 추방의 직접적 원인으로 작용한 성서의 영감 문제에 대해서도 언급했다.

> 인간은 영혼과 육체로 이루어져 있으며, 육체에 영혼이 머무는 것처럼 성

---

28 Delormeau, 113쪽.

29 Bainton, 106쪽.

서는 문자와 영으로 이루어져 있다. 문자는 영의 상자이자 껍질이다.

이런 자유로운 성서론이 성서의 모든 어구가 성령의 구술로 이루어졌다는 축자영감설(verbal inspiration)[30]의 견고한 부자유함으로부터 꽤나 멀리 떨어져 있다는 사실은 굳이 언급할 필요가 없을 것이다. 칼뱅의 성서론이 후자였다고 말하는 것은 그다지 공정한 일이 아니지만, 그럼에도 카스텔리오가 16세기라는 시대를 크게 뛰어넘는 자

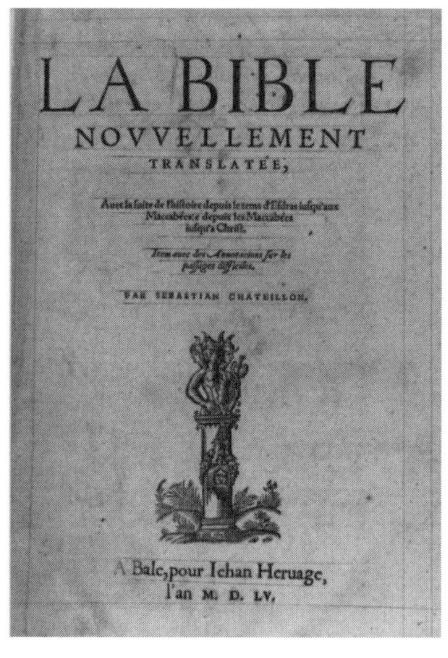
LA BIBLE NOVVELLEMENT TRANSLATEE,

PAR SEBASTIAN CHATEILLON.

A Bale, pour Iehan Heruage, l'an M. D. LV.

카스텔리오의 프랑스어 번역본 성서

---

30 성서는 모두 신의 영감으로 기록되었기에 단 한 글자도 틀림이 없으며, 오류가 없는 사실이라고 주장하는 그리스도교의 근본주의적 성서관이다. 진화를 비롯한 명백한 사실들을 부정하는 등 현대과학과의 마찰이 잦고, 현실을 부정해야 하는 부분이 적지 않기 때문에 신학적인 부분에서도 적잖은 비판을 받고 있다. 축자영감설과 대립되는 입장으로 성서의 문헌양식, 전승자료, 편집양식, 사회학적 배경 등을 분석하는 역사비평적 성서 해석이 있다.-옮긴이

유로운 사고의 소유자였다는 것만큼은 확실하다.

하지만 카스텔리오가 각고의 노력 끝에 쌓아올린 이 같은 업적은 같은 개신교 진영인 제네바의 신학자들에게 비판받았을 뿐 아니라, 프랑스어역 성서를 출판한 이듬해에는 라틴어로 번역한 성서와 함께 파리대학 소르본 신학부의 단죄를 받아 금서목록에 오르고 말았다.

지난 몇 년 동안 쓰라린 고통으로 신음하던 카스텔리오에게 개인적인 비극도 잇달아 일어났다. 1550년 1월 제네바 시대부터 생사고락을 함께해왔던 아내가 남아를 출산하던 중에 갑작스럽게 숨을 거두었고, 5월에는 가장 어린 딸마저 잃는 비극이 일어났다. 그리고 다른 자식들도 중병을 앓아 위태로운 지경에 빠졌지만, 다행히도 목숨만은 건질 수 있었다.

덧붙이면, 16세기 유럽에서는 유아의 사망률이 높았던 탓에 평균수명이 25세에 불과했다. 같은 해 6월 카스텔리오는 어린 자녀들을 부양하기 위해 재혼했다. 그러나 이 무렵 재혼의 소소한 행복을 날려버릴 먹구름이 지평선 너머에서 다가오고 있었다.

TOLÉRANCE

CASTELLIO

2장

삼위일체론을 둘러싼 논란

Sebastianus Castalio

세르베투스 사건

세르베투스의 출생과 성장

이제 미카엘 세르베투스에 대해 이야기할 때가 되었다. 그야말로 칼뱅과 카스텔리오 사이에서 벌어진 논쟁의 중심에 섰던 인물이기 때문이다. 여기서는 그의 생애는 물론 세르베투스라는 이름을 뚜렷하게 각인시킨 '삼위일체론'의 내용과 그것이 그리스도교 역사 속에서 어떻게 형성되었으며, 또 그가 삼위일체를 어떻게 이해하고 표현했는지 살펴볼 것이다. 그리고 마지막으로 삼위일체를 둘러싼 논쟁에서 어떤 점이 문제가 되었는지 여러 지면을 할애하여 문제의 소재를 밝혀보도록 하겠다.

세르베투스의 전반생에 대해 알려진 내용의 대부분은 훗날 그의 재판 과정에서 나온 증언과 간접 자료에 따른 것으로, 다소 의심스러운 부분이 있는 것도 사실이다. 실제로 세르베투스의 발언들은 꽤나 혼란스럽고 일치하지 않는 부분도 적지 않다. 당시 시대상을 감

세르베투스 기념관의 부조(비야누에바)

안하면 어쩔 수 없는 일이었는지도 모르겠다.[1]

세르베투스의 출생 연도와 장소는 여러 자료와 증거를 볼 때 1511년 스페인과 프랑스 사이에 있던 당시 나바르 왕국의 투델라(Tudela)였다는 설이 유력하다. 그의 세례명을 근거로 삼는다면, 성 미카엘 축일인 9월 29일이 생일일 것이다. 유소년기에 아라곤 왕국의 사라고사 북동쪽에 있는 비야누에바(Villanueve)로 이주했는데, 나중에 그

---

1 Roland H. Bainton, *Hunted Heretic: The Life and Death of Michael Servetus, 1511~1553*(Boston, The Beacon Press, 1953) 중요문헌은 『原典宗教改革史』(中村賢二郎 等, ヨルダン社 1976)에 倉塚平의 번역으로 수록되어 있다. Émile Doumergue, *Jean Calvin : les hommes et les choses de son temps, 7volumes, La Lutte*(Genéve : Slatkine Trprient, 1969)

가 사용한 가명도 여기에서 나왔다. 법률가인 부친은 지역의 유력인사였고, 형제들은 교회의 성직자로 진출하기도 했다. 당시 시대상을 감안하면 부친은 물론 세르베투스 자신도 성직자를 지망했을지 모를 일이다.

세르베투스는 열네댓 살 때 훗날 황제 카를 5세의 고해사제가 된 프란치스코회 수도자 후안 데 킨타나(Juan de Quintana)의 시동(侍童)으로 들어갔고, 얼마 후에는 프랑스 툴루즈 대학에서 2년 간 법학을 공부할 기회를 얻게 되었다. 좁은 이베리아 반도에서 벗어난 이 재기 넘치는 젊은 스페인 청년에게 완전히 새로운 세계가 열린 것이다.

스페인 상황과 삼위일체에 대한 관심과 의혹

당시 스페인은 중세 말부터 근대 초에 이르기까지 온갖 민족적·종교적 사상적 요소가 혼재되어 있는 지역이었다. 1492년, 6백 년 넘게 이베리아 반도를 정치적·종교적으로 지배해온 이슬람 세력의 최후 근거지였던 그라나다(Granada)가 함락되자 지중해 세계의 북반부는 마침내 그리스도교의 수중에 다시 들어왔다. 그런 만큼 스페인 전체는 정통 가톨릭 신앙에 대한 열정으로 다시 불타올랐다.

잔존해 있던 무슬림이나 그때까지 용인되었던 유대인을 가톨릭으로 강제 개종시키려는 시도들이 대대적으로, 또 반복적으로 일어나자 당연히 그런 움직임에 맞서 양심의 갈등을 겪는 상황도 심심치 않게 벌어졌다. 비그리스도교 신도 측의 반발과 비판은 설사 입 밖으로

꺼내지는 못하더라도 결코 무시할 만한 것이 아니었다. 반대로 오래 전부터 정통 가톨릭 신앙이 깊이 뿌리를 내린 서유럽 제국은 스페인 그리스도교의 정통성에 대한 의혹을 쉽사리 감추지 않았다. 따라서 일단 고국을 떠난 스페인 사람은 자신의 정통신앙을 증명해야 하는 상황과 자주 맞닥뜨렸다. 세르베투스도 예외가 아니었을 것이다.

구약성서에 바탕을 둔 일신교의 뿌리에서 나온 세 종교, 즉 유대교와 그리스도교, 이슬람을 명확하게 구분하는 척도는 '삼위일체'라는 그리스도교의 교리다. 그런 만큼 세르베투스 같은 예민한 영혼의 소유자가 삼위일체 교리를 계속 염두에 두고 있었다는 것은 결코 이상한 일이 아니었다.

당시 스페인은 전통적인 것과 새로운 것의 공존을 상징하는 국가였지만 그리스도교 세력이 세속적·종교적 권력을 모두 장악하면서 새로운 신앙 부흥과 함께 성서 번역도 시도되었다. 프란시스코 히메네스(Francisco Jiménez, 1436~1517)[2]는 엄격하게 금욕적 삶을 요구받는 프란치스코회 수도자였고, 게다가 교회의 최고위 성직자인 추기경이자 세속적으로는 스페인 왕국의 대법관이었으나, 다른 한편으로는 뛰어난 인문주의자로서 신구약성서 전체를 히브리어와 그리스어, 그리고 라틴어로 간행했다. 이처럼 스페인에서 그리스도교 신앙과 삶의 원천인 성서 그 자체에 대한 흥미와 관심은 대단히 뜨거웠다.

세르베투스가 처음 성서를 접한 것도 이 무렵이었을 것으로 추

---

2 1492년 이슬람 지역이었던 그라나다를 점령한 프란치스코 히메네스 추기경은 5천 권에 달하는 코란을 대중들 앞에서 불태웠고, 무슬림을 그리스도교로 개종하도록 탄압하기도 했다.-옮긴이

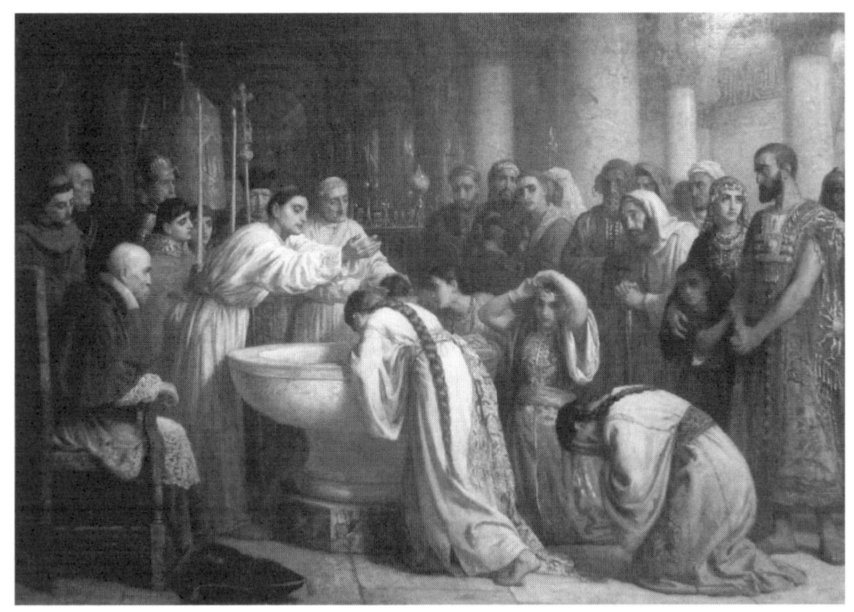

그라나다에서 개종한 무슬림들에게 세례하는 히메네스 추기경
(에드윈 롱Edwin Long, 19세기)

정된다. 그 성서가 1516년에 간행된 에라스뮈스의 신약성서(Novum Instrumentum, '새로운 도구'라는 인상적인 제목이다)인지 아니면 앞서 언급한 히메네스가 번역한 성서인지는 알 수 없다. 어느 쪽이든 채 스무 살도 되지 않은 조숙한 세르베투스를 놀라게 했을 뿐 아니라 동시에 안도하게 한 것은, 성서 어디에서도 전통적인 교리에서 말하는 형태의 삼위일체 교리는 발견할 수 없었다는 사실이다.

삼위일체 교리 형성의 간략한 역사에 대해서는 뒤에서 언급할 테지만, 성서 본문 속에는 삼위일체를 뜻하는 'trinitas'라는 표현이 등장하지 않는 것이 사실이다. 즉 "하나의 신이 가진 하나의 본질 속에 세 '위격'이 존재한다"는 표현은 찾을 수 없다. 따라서 스페인의 이교도들은 삼위일체 교리가 신앙의 척도나 다름없었던 스페인의 정통 가톨릭교회를 향해 다신교 혹은 삼신교(三神教)라는 비난을 퍼부었다. 이와 같은 삼위일체를 둘러싼 논란은 세르베투스가 그리스도교에 대해 새롭게 눈뜬 계기가 되었다.

세르베투스는 성서와 함께 초대교회 교부들에 대한 연구도 병행해나갔다. 콘스탄티누스 대제에 의한 그리스도교 국교화와 그에 따른 그리스도교의 '퇴락' 이전 교부들의 문헌에서도 삼위일체라는 표현은 발견할 수 없었다.

> 그리스도교 신앙의 규범적 권위인 성서 본문에도, 교회 교부들의 문헌에도 없다면, '삼위일체'를 말하지 않더라도 그리스도교 신앙의 성립에는 아무런 문제가 없지 않은가. 그렇다면 그것은 아무 쓸모없는 첨가물일 뿐 오히려 삼위일체론 성립 이전의 가장 단순한, 비교리적이고 실천적 그리스도교로부터 일탈했다는 증거가 아니겠는가.

삼위일체론에 대한 세르베투스의 의문은 날이 갈수록 커져만 갔다.

서구세계로

세르베투스의 연구는 여기에서 잠시 중단되었다. 1530년 후안 킨타나가 볼로냐에서 거행된 황제 카를 5세의 즉위식에 참석하고, 또 같은 해에 열린 아우구스부르크 제국회의[3]에 참가하기 위해 독일로 건너갈 때 세르베투스도 수행하였기 때문이다. 루터의 '95개조 명제(95 Thesen)'가 나온 지 이미 10여 년, 독일의 종교개혁은 유럽 각지로 퍼져 나가고 있었다. 그렇지만 이탈리아는 성속권력의 난립과 투쟁이 격화되어 교회의 윤리적 개혁도 제대로 이루어지지 못하고 있었다.

젊은 세르베투스가 이탈리아에서 무엇을 보았을지 상상하는 것은 그리 어렵지 않다. 그것은 교회의 철저한 세속화, 성서의 신앙과 도덕으로부터의 터무니없는 일탈이었다. 그와는 반대로 독일에서 보고 들은 것은 종교개혁이 역설하는 성서로의 몰입, 그 교리와 윤리의 복원을 염원하는 거대한 열정이었다. 어쩌면 그가 아우구스부르크 제국회의에 참석한 필리프 멜란히톤(Philipp Melanchthon, 1497~1560)과 마르틴 부처뿐만 아니라 그곳에서 가까운 코부르크(Coburg)에 숨어서 회의의 향방을 지켜보았던 루터를 만났을 가능성도 부정할 수 없다.

가톨릭교회에 크게 실망한 세르베투스는 같은 해 여름, 바젤의 외콜람파디우스를 찾아갔다. 종교적 망명자라 할지라도 그 신앙 내용을 세세하게 따지지 않고 손님으로 맞는 것이 당시의 상례였기에, 외

---

3 1530년 가톨릭과 프로테스탄트의 화해를 위해 황제 카를 5세가 아우구스부르크에 소집한 종교회의. 당시 루터는 파문을 당해 제국추방령을 받은 상태였기에 코부르크 성에서 개신교도들과 빈번하게 서신을 교환하며 배후에서 협상을 조정했다. 이 회의에서 멜란히톤이 기초하고 루터가 감수한 '아우구스부르크 신앙고백(Confessio Augustana)'이 발표되었다. 이 고백문은 자신들이 이단이 아니며 가톨릭과 공존할 수 있다는 것을 보여주기 위해 기존 가톨릭교회에 대한 비판보다는 공통점을 강조하는 상당히 온건한 내용으로 되어 있다. 이 고백문은 1540년에 약간의 개정을 거친 후에 1555년 아우구스부르크 종교화의의 토대가 되었다.-옮긴이

콜람파디우스도 세르베투스의 바젤 체류를 문제 삼지 않고 흔쾌히 자기 집에 머물도록 하였다.

삼위일체론에 관해 자신만의 확고한 견해를 가진 세르베투스가 바젤에 머문 것은 당대의 석학으로 널리 알려져 있던 외콜람파디우스의 가르침을 받기 위한 것이 아니었다. 이후 외콜람파디우스와 주고받은 서신을 보면, 이 패기 넘치는 젊은이의 신학적 무모함에 대한 언급이 여러 곳에 등장한다. 나이가 두 배도 넘는 연장자인데다 종교적 관용으로 명성이 높았던 이 교회 지도자는 스무 살 안팎에 불과한 세르베투스의 위험하기 짝이 없는 새로운 주장에 애를 먹었지만, 그에게 직접 편지를 보내 세세하게 지적하곤 했다. 편지를 쓴 시기는 확실하지 않지만, 내용은 다음과 같다.

> 자네는 내가 이해하기 힘들 뿐더러 융통성이 없고 고집이 세다고 비판했지만, 나야말로 자네를 비판할 큰 이유가 있네. 자네는 소르본이 삼위일체에 대해 운운하는 우론(愚論)을 내가 수수방관하고 있다고 나를 격렬하게 공격하였지. … 자네는 그리스도의 교회가 오랜 시간 그 '처음'에서 일탈하였다고 비판하였지. … 자네는 (그리스도의) 하나의 위격 안의 두 본성을 부정하였지. … 나는 그 밖의 다른 문제에 대해서는 끝까지 참을 수 있지만 그리스도에 대한 모욕만큼은 결코 참을 수가 없네.[4]

---

4 Doumergue, 198~205쪽. 인용은 *Briefe und Akten zum Leben Oekolampads*; Hrsg. Ernst Staehelin(*Quellen und Forschungen zur Reformationsgeschichte* BD XIX, 1934) Nr. 765쪽.

외콜람파디우스
(콘래드 메이어Conrad Meyer, 1675)

남아 있는 다른 한 통의 편지에서 외콜람파디우스는 세르베투스를 "그리스도가 신과 동일한 본질의 아들이라는 것을 부정하는 자"[5]라고 부르고 있다. 같은 해 10월 외콜람파디우스가 스트라스부르의 부처에게 보낸 편지에는, 세르베투스가 그리스도를 "아버지와 같이 영원하며 동질이라는 사실을 부정"하고 있다고 단정하고 있다.[6] 정통교리를 따르고 지키는 종교개혁가들과 세르베투스 간의 논점은 이처럼 분명하게 갈린다. 이 점에 대해서는 조금 뒤에 다시 언급하도록 하자.

---

5 위의 책 Nr. 766쪽.

6 위의 책 Nr. 793쪽.

망명생활

10개월가량 외콜람파디우스의 집에 머물면서 결코 끝나지 않을 논쟁을 벌인 끝에 세르베투스는 바젤을 떠났고, 얼마 지나지 않아 스트라스부르에 모습을 드러냈다. 스트라스부르가 종교적·사상적 관용으로 널리 알려져 있었다는 것은 이미 카스텔리오의 전반생에 대해 기술할 때 언급한 바 있다. 세르베투스는 이곳에서도 지역 교회 지도자들을 상대로 자신만의 삼위일체론을 개진했지만, 도량이 넓은 것으로 알려진 부처나 카피토가 자신의 주장을 받아들이도록 설득하는 것은 거의 불가능했다.

스트라스부르에 머무는 동안 세르베투스는 가까운 하게나우의 인쇄업자 요하네스 세처(Johannes Setzer)를 통해 『삼위일체론의 오류에 대하여(*De trinitatis Erroribus*)』를 간행했다.[7] 이 책의 내용은 뒤에서 자세히 소개하겠지만, 4세기 이래 정통과 이단을 가르는 핵심 교리인 삼위일체에 대한 대담하고 거침없는 주장은 곧바로 세르베투스를 유럽 사회에서 모두가 '찾는 사람', 즉 수배자로 만들어버리고 말았다. 이미 그는 가톨릭은 물론 개신교 여러 나라에서 안주할 수 있는 곳이 없었다. 익명의 저자가 스페인 출신의 '미겔 세르베토'라는 것이 공공연한 비밀이었기 때문이다.

추적의 손길에서 벗어나기 위해 한때는 새로 발견된 아메리카 대

---

7 *De Trinitatis erroribus libri septem : per Michaelem Serveto, alias Reves ab Aragonia Hispanum. Anno M.D. XXXI*(Frankfurt a. M. : Minerva G.M.B.H. 1965)

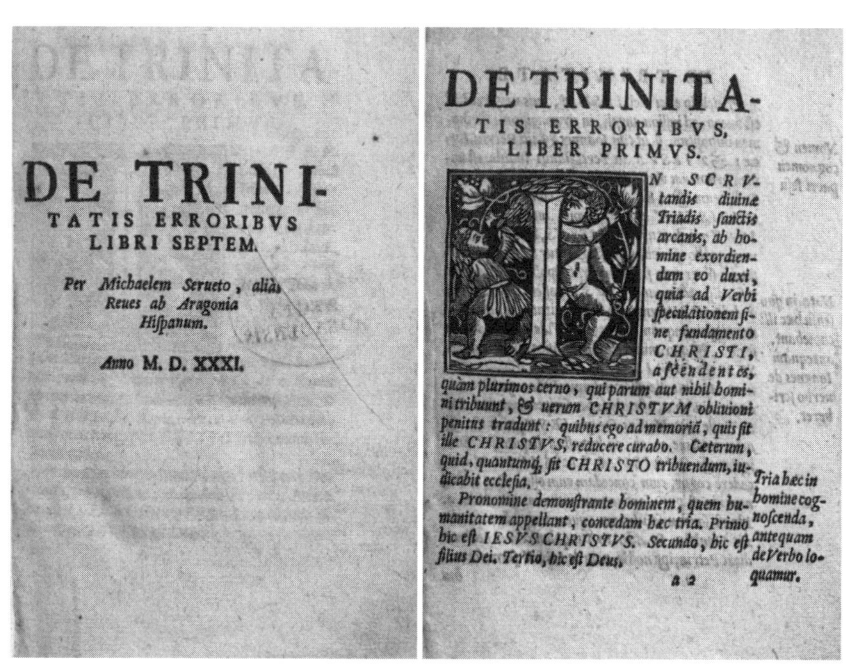

DE TRINI-
TATIS ERRORIBVS
LIBRI SEPTEM.

Per Michaelem Serueto, aliàs
Reues ab Aragonia
Hispanum.

Anno M. D. XXXI.

DE TRINITA-
TIS ERRORIBVS,
LIBER PRIMVS.

IN SCRVtandis diuinæ Triadis sanctis arcanis, ab homine exordiendum eo duxi, quia ad Verbi speculationem sine fundamento CHRISTI, ascendentes, quàm plurimos cerno, qui parum aut nihil homini tribuunt, & uerum CHRISTVM obliuioni penitus tradunt: quibus ego ad memoriã, quis sit ille CHRISTVS, reducere curabo. Cæterum, quid, quantumq; sit CHRISTO tribuendum, iudicabit ecclesia.

Pronomine demonstrante hominem, quem humanitatem appellant, concedam hæc tria. Primo hic est IESVS CHRISTVS. Secundo, hic est filius Dei. Tertio, hic est Deus.

Tria hæc in homine cognoscenda, antequam de Verbo loquamur.

a 2

『삼위일체론의 오류에 대하여』(1531) 표지와 첫 쪽

륙으로 이주하는 것도 생각했다고 전해진다. 지금으로서는 어떨지 모르지만, 당시 세르베투스에게 남아 있는 유일한 해결책은 철저하게 익명으로 살아갈 수 있는 대도시로 잠입하는 길뿐이었다.

그래서 세르베투스는 미셸 드 빌뇌브(Michel de Villanueve)라는 가명으로 파리로 들어가 새로운 공부를 시작하였다. 처음에는 의학을 공부했으나 수학·지리학·천문학까지 그 범위를 넓혀갔다. 전과 마찬가지로 성서와 신학, 철학에 대한 연구도 계속해나갔다. 세르베투스는 어떤 의미에서 르네상스가 낳은 백과사전적 지식인의 한 사람이었다.

얼마 뒤의 일이지만, 그는 리옹에서 고대 그리스의 천문학자이자 지

리학자인 프톨레마이오스의 『지리학(Geographia)』을 새롭게 간행하기도 했다.[8] "돌연한 회심(subita conversione)"으로 개신교로 전향하면서 파리에 숨어 살던 칼뱅이 세르베투스에게 토론을 제안하여 두 사람이 서로 만나기로 약속한 것도 이 무렵이다. 그러나 세르베투스가 끝내 모습을 드러내지 않았다는 것이 훗날 제네바의 재판기록에 남아 있다.

의학자로서 세르베투스는 인체의 실제 해부에도 참여했을 뿐 아니라 이른바 '폐의 대순환', 즉 심장과 폐 사이의 혈액 순환을 발견하기도 하였다.[9] 한참 뒤에 간행된 『그리스도교 복원(Christianismi Restitutio)』에 기술되어 있는 이 발견은, 과학적·의학적 업적이라기보다는 오히려 철학적·형이상학적 맥락에서 발언한 것으로 평가하는 것이 옳을 것이다.[10] 아무튼 이 스페인 청년이 패기에 넘칠 뿐 아니라 뛰어난 재능의 소유자였다는 사실만큼은 분명하다 하겠다.

파리를 떠나 리옹으로 거처를 옮긴 세르베투스는 생계를 위해 출판과 교정 일을 시작했다. 그러던 중 인근의 대주교좌 소재지 비엔으로 다시 옮겨가서 병원을 열었고, 그곳 대주교와 교유하여 그의 관저에 있는 거실을 제공받을 만큼 친밀한 관계가 되었다. 1540년 무렵의 일이다. 그로부터 10여 년간은 의사로서 또 인문주의 학자로서

---

8 이 책은 꽤나 성공을 거두어서 세르베투스를 비교지리학과 민족지리학의 아버지로 부르는 경우도 있었다고 한다.-옮긴이

9 세르베투스는 영국의 의사이자 생리학자인 윌리엄 하비가 혈액의 순환을 증명하기 전까지 유럽인으로서는 최초로 혈액의 폐순환에 대해 기술하였다고 한다. 또한 『시럽에 관한 일반론(*Syruporum universa ratio ad Galeni censuram diligenter expolita*)』을 저술하여 약제에 대한 새로운 접근접을 제시한 인물로도 기록되고 있다.-옮긴이

10 『原典宗教改革史』 제4장 42번, 390~94쪽.

주변 사람들에게 존경받는 평온한 세월을 보낼 수 있었다. 그가 '대이단'으로 추적을 당하고 있는 세르베투스라는 사실을 단 한 사람도 알지 못했기 때문이다. 그가 쌓은 학자로서의 업적 중에는 라틴어역 성서의 간행과 스콜라 철학자 토마스 아퀴나스의 작품을 스페인어로 번역·출판한 것도 포함되어 있다.

이런 오랫동안의 평온함을 깨뜨린 것은, 세르베투스 자신이 타고난 억누르기 힘든 논쟁적 기질과 결코 충족되지 않는 끝없는 탐구심, 그리고 마침내는 자기 자신을 파멸로 이끈 자기현시욕이었다. 낮에는 의사·학자·지역 명사의 얼굴로 살았지만, 밤에는 또 하나의 얼굴로 다른 삶을 살았던 것이다. 그는 극비리에 7백 쪽에 이르는 방대한 분량의 『그리스도교 복원』을 쓰는 데 온 힘을 쏟았다.[11]

『그리스도교 복원』 출간

1541년 9월 제네바에 칼뱅이 귀임했다는 소식이 론강 연안인 리옹에까지 퍼지자 세르베투스는 칼뱅과 신학 논쟁을 벌이고 싶은 생각에 가슴이 두근거렸다. 1546년까지 두 사람 사이에는 모두 서른 통이 넘는 편지가 오갔다. 칼뱅의 편지에는 세르베투스에 대한 불편한

---

11 *Christianismi restitutio. Totius ecclesiae apostolicae est ad sua limina vocatio, in integrum restituta cognitione Dei, fidei Christi, justificationis nostrae regenerationis baptismi et coenae Domini manducationis, restituto denique nobis regno coelesti, Babylonis impiae captivitate soluta, et Antichristo cum suis penitus destructo*(Frankfurt a. M. : Minerva G.M.B.H. 1966)

심정이 잘 드러나 있다. 1546년 2월 13일에 뇌샤텔의 파렐에게 보낸 편지에는 이렇게 쓰고 있다.

> 세르베투스가 얼마 전 저에게 편지를 보냈습니다. 이번에는 자신의 광기 어린 교리에 대해 크게 허풍을 친 종이뭉치가 딸려 있었습니다. 너무나도 놀라운 전대미문의 글을 읽게 되었습니다. 만약 제가 이것을 마음에 들어 한다면 자신이 이쪽으로 오고 싶다는 등의 바람을 피력하였습니다. 그러나 저는 그것에 대해 어떠한 언질도 하지 않을 생각입니다. 만약 그가 여기에 온다면 제게 약간의 힘이라도 있는 한, 이제 그가 살아서 이곳에서 나가게 하지는 않을 것입니다.[12]

세르베투스에게 자기주장의 잘못을 깨닫게 하기 위해 칼뱅은 자신의 저서인 『기독교 강요』를 보내주었지만, 세르베투스는 그 책의 여백에 다량의, 게다가 조롱 섞인 주석을 달아 다시 돌려보내주었다. 칼뱅이 격분한 것도 무리는 아니었다.

세르베투스가 익명으로 저술한 『그리스도교 복원』이 출판된 것도 바로 이 무렵이다. 제목의 "복원"은 칼뱅의 "강요"[13]를 비꼰 게 명백했다. 칼뱅의 『기독교 강요』가 그리스교 신앙으로의 "인도"를 말한 것이라면, 칼뱅을 비롯한 '원천에서 멀리 일탈한' 그리스도교 신앙을 다시 확립하고 부흥시키는 것, 즉 "그리스도교의 복원"이야말로

---

12 『原典宗教改革史』 390쪽.

13 "강요(綱要)"는 라틴어 Institutio를 번역한 것으로 입문, 안내, 인도, 교육 등을 뜻하는 말이다.-옮긴이

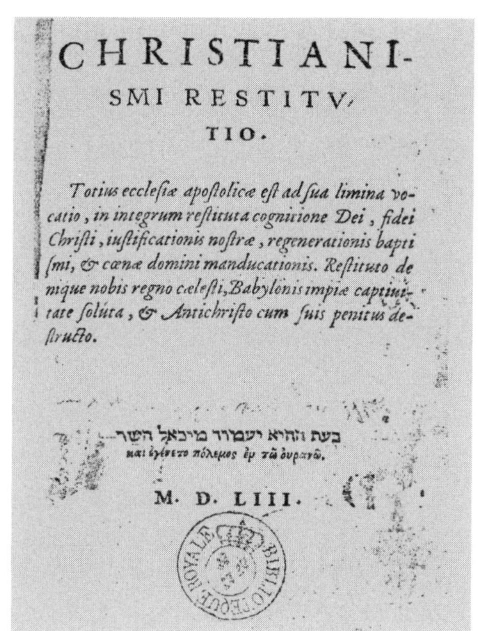
CHRISTIANISMI RESTITVTIO.

Totius ecclesiæ apostolicæ est ad sua limina vocatio, in integrum restituta cognitione Dei, fidei Christi, iustificationis nostræ, regenerationis baptismi, & cœnæ domini manducationis. Restituto denique nobis regno cælesti, Babylonis impiæ captiuitate solúta, & Antichristo cum suis penitus destructo.

בעת ההיא יעמוד מיכאל השר
καὶ ἐγένετο πόλεμος ἐν τῷ οὐρανῷ.

M. D. LIII.

『그리스도교 복원』(1553)

자신의 의지라는 자부심을 제목에서 뚜렷하게 드러냈던 것이다. 칼뱅이 단순히 개인적인 모욕으로만 받아들이지 않은 것도 당연했다. 1553년의 일이었다.

우연히 이 무렵에 배찬 정지(파문) 선고권을 둘러싸고 칼뱅 측 목사단과 제네바 시의회의 대립이 정점을 향해 치닫고 있었다. 칼뱅의 지도권 자체가 근본적인 도전에 직면하고 있던 상황이었다.

은밀한 고발자와 종교재판

신앙상 이유로 제네바에 망명 온 한 프랑스인이 리옹에 사는 사촌에게 보낸 여러 통의 편지가 남아 있다. 혈연이긴 하지만 종교적 입장이 서로 달라진 두 사람이 편지를 통해 각자 자신이 확신하는 바를 상대에게 전달하고 있다. 성직자나 신학자가 아닌 평범한 시민이지만 신앙에 대한 열정이 넘칠 뿐 아니라 그 내용도 적확하게 표현했다는 점에서 16세기의 숨결을 그대로 느낄 수 있다.[14] 편지의 일부를 인용해보자.

> …다행스럽게도, 여기서는 그대가 있는 가톨릭 지방보다는 악(惡)을 더 잘 극복하고 있습니다. 교리나 종교에 대해서 우리는 귀하 쪽보다 훨씬 자유롭지만, 그럼에도 불구하고 신의 이름을 더럽히거나 금지되어야 마땅한 교설이나 사악한 의견이 전파되는 것을 용인해서는 안 될 것입니다.
>
> 여기서 그대에게 한 가지 예를 들고 싶습니다. 이 예는 그대를 크게 당황하게 할 테지만, 이야기하지 않을 수 없습니다. 그것은 그대가 계신 곳에 한 사람의 이단자가 살고 있는데, 이 남자는 어디서든 불태워 죽여 마땅한 자입니다.
>
> 우리는 많은 점이 서로 다릅니다만 다음과 같은 점에서는 같기 때문입니다. 즉 신은 하나의 본질 속에 세 위격이 존재하며, 아버지인 성부는 그 아들을 낳으시고, 아들은 태초부터 신의 영원한 지혜이며, 또한 그는 신의 영원한 힘을 가졌으니 바로 신의 성령이라는 것입니다.

---

14 이 편지의 내용은 물론 세르베투스가 체포된 사정과 당시 칼뱅의 역할 등에 대해서는 『유럽은 어떻게 관용사회가 되었나』, 카플란 지음, 김응종 옮김(푸른역사, 2015)를 참조하기 바란다.-옮긴이

그런데 어떤 남자가 우리가 믿고 있는 삼위일체는 지옥의 문을 지키는 세 마리 개(케르베로스)이며, 지옥의 괴물이라고 운운하며, 신의 아들의 영원한 발생에 대해 성서가 말하는 것을 모두 반대하고, 생각할 수 있는 모든 비열한 말을 내뱉고, 고대 교부들의 모든 가르침을 무례하게 조소한다면 그대는 그를 어떻게 할는지요.

이 남자는 그대가 계신 곳에서 인기가 있고, 아무런 결점도 없는 사람처럼 인식되고 있습니다. … 그는 포르투갈계의 스페인 사람으로 미겔 세르베투스가 본명입니다만, 지금은 빌뇌브라는 가명을 쓰는 의사로서 오랫동안 리옹에 있다가 지금은 비엔에 살고 있으며, 그곳에서 제가 말하고 있는 책을 발타자르 아르눌이라는 자가 운영하는 인쇄소를 통해 인쇄하였습니다. 제가 함부로 말한다고 생각할지 모르기에 그 증거를 보내드립니다.

1553년 2월 26일 기욤 트리에로부터[15]

트리에가 자발적으로 편지를 썼는지, 아니면 그렇지 않으면 칼뱅 또는 목사단의 의향을 받아들여서 대필만 했는지는 쉽사리 단정할 수 없다. 아무튼 편지를 받은 사촌 아르네는 증거로 『그리스도교 복원』 전편을 보내달라고 요청했다. 그래서 트리에는 1개월 후 다시 편지를 보냈다.

현재 저는 그대가 요청한 것, 즉 인쇄된 그의 책을 보낼 수 없습니다.

---

15 『原典宗教改革史』, 394~96쪽.

> 다만 그의 죄를 증명할 수 있는 좀 더 확실한 증거를 보내드리겠습니다. … 그렇지만 먼저 고백해야 할 사실이 있습니다. 제가 보내려는 증거 자료를 칼뱅 씨에게서 인출하는 데 큰 어려움을 겪었다는 것입니다. 칼뱅 씨는 이런 저주스러운 신성모독은 단죄되어야 하지만, 정의의 칼을 휘두르는 것은 자신의 직무가 아니기에 그런 수단을 통해 이단을 추궁하기보다는 오히려 교리를 통해 설득하는 것이 자신의 의무라고 생각하고 있습니다.[16]

이 두 번째 편지가 도착하기 전에 리옹의 종교재판소는 이미 활동을 개시했다. 아르눌의 인쇄소를 덮친 관헌은 『그리스도교 복원』의 일부를 발견했다. 인쇄공은 자신이 무엇을 인쇄했는지 미처 깨닫지 못하는 것 같았다. 이제 남은 것은 은밀하게 인쇄를 의뢰한 사람이 의사 빌뇌브라는 사실을 입증하는 것뿐이었다.

4월 4일, 옥중 환자의 요청을 받고 감옥으로 왕진을 간 의사 빌뇌브는 그대로 수감되는 신세가 되고 말았다. 그리고 다음 날인 4월 5일부터 곧바로 종교재판이 시작되었다.

현대인들은 종교재판 자체를 이해하기 힘든 면이 있는데, 엄격한 일신교에서는 '정통'과 '비정통', 즉 '이단'의 확실한 구분이 무엇보다 중요했다. 4세기 이래 그리스도교가 로마제국이 공인하는 유일한 국교의 지위를 획득하자, 정치적 질서에 대한 복종이 종교적 영역까지 확장되어 종교상의 일치가 국가권력에 의해 강조되기에 이른다.

---

16 『原典宗教改革史』, 397쪽.

이단판결선고식
(Auto-da-fe,
페드로 베루게티Pedro
Berruguete, 15세기,
프라도 박물관)

그런 경우에도 종교상의 정통과 비정통의 판단은 전적으로 교회의 권능에 속했기 때문에 이단 심문을 위한 종교재판소도 본래는 주교가 교회법에 기초해 설치한 특별기관이었다. 따라서 종교재판소에는 극형을 포함한 신체적 형벌을 부과하는 권한은 없었다. 그렇기 때문에 이단적 견해를 가졌다고 판단되는 '피고'는 파문을 선고받은 후 세속 당국의 손에 넘겨졌다.

파문을 선고받았다는 것은 그리스도인으로서의 권리를 상실하는 것이나 다름없었다. 그리스도인과 시민이 거의 동일한 범주에 속했던 중세사회에서 파문을 당해 당국의 손에 넘어간 사람은 시민으로서 법률의 보호를 받지 못한다는 것을 의미했다. 종교재판소는 이단자를 세속 권력에 넘겨줄 때 "가엾게 여겨주시기를"이라는 말을 덧붙이는 것이 관례였지만, 그것은 곧 "극형에 처하라"는 지시나 다름없었다.

세르베투스의 재판을 위해 가톨릭 종교재판소장과 비엔 대주교 총대리, 비엔 관구 경찰장관 대리 등으로 법정을 구성했다는 내용이 방대한 재판기록에 일부 남아 있다. 여기서는 재판 내용을 상세히 다루기는 어렵지만, 아무튼 '피고' 세르베투스가 들고 나온 법정전술은 충분히 예상할 만한 것이었다. 그는 자신과 세르베투스는 다른 인물이며, 젊은 시절에 우연히 입수한 이단 세르베투스의 저작을 마치 자신이 쓴 것처럼 위장하여 칼뱅에게 보냈고, 그래서 그 견해를 묻고 논쟁을 벌인 것에 불과하다고 강조했다. 그러나 칼뱅이 제공한 자료를 비롯하여 그가 세르베투스임을 입증하는 자료는 차고도 넘칠 만큼 많았다.

6월 17일, 재판소는 다음과 같은 판결을 내렸다. 판결의 내용은, 빌뇌브는 추악한 이단설, 내란 기도, 반역의 사유가 있기에 1천 폰드의 벌금을 프랑스 국왕에게 납부해야 하며, 또한 피고는 시내를 돌고 난 뒤 샤르네 광장에서 저서와 함께 화형에 처한다는 것이었다.

그런데 그 시간에 이미 세르베투스는 행방을 감추고 사라져버렸다. 은밀한 옹호자의 도움으로 탈옥한 것이 분명했다. 본인을 대신하여 세르베투스의 모상이 샤르네 광장에서 화형에 처해졌다.

삼위일체론의 성립

그리스도론의 기원

세르베투스가 산 채로 화형당한 것은 삼위일체 교리를 부정했기 때문이다. 그 교리가 어떻게 해서 그렇게 중대한 그리스도교의 핵심 교리가 되었는지 삼위일체 교리의 기원과 형성사에 대해 간략하게 언급할 필요가 있을 것 같다.

삼위일체를 부정하거나 부인하면 왜 극형에 처해야 한다고까지 생각하게 되었을까. 이런 주제를 몇 쪽의 지면에 빠짐없이 소개하기는 어렵지만, 세르베투스로 인해 촉발된 문제를 이해하려면 다소간 설명이 필요하다. 원래 카스텔리오의 생애와 논점을 이해하는 데 반드시 필요한 논의는 아닐 수도 있기에 경우에 따라서는 이 부분은 건너뛰어도 큰 문제는 없을 것이다.

이 사안은 본질적으로 넓은 의미에서 '그리스도론'의 문제다. 구약성서의 신앙이 일신교를 기반으로 성립되었다는 것은 두말할 필요가 없다. 유명한 모세 십계명의 첫째 계명도 "너는 나 외에는 다른 신들을 네게 두지 말라"(출애굽기 20:3)는 엄격한 금지령이다. 이 신앙이 깊게 뿌리내렸을 뿐 아니라 구약성서에서 예언한 '구세주'(히브리어로는 '메시아', 그리스어로 번역하면 '그리스도'다. 왕 또는 지배자로서 '머리에 기름 부음을 받은 자'라는 의미다)가 나사렛 예수이며, 약속된 구원은 예수를 통해 성취된다는 신약성서의 신앙은 성립 이후 곧바로 그리스도교 내부에서 여러 사상적 탐구를 낳게 되었다.

복음서든 바울로 서간이든 신약성서의 신앙 자체는 매우 단순하다. "나사렛 예수는 구세주 그리스도", 즉 "예수는 그리스도"라고 고백하는 것으로 충분했다.[17] 그런데 이런 그리스도교 신앙이 헬레니즘 문화에 기반을 둔 지중해 세계에 널리 전파되면서 그리스 철학의 토양 위에서 자라난 그리스적 사유는 그리스도교 신앙의 소박하고 단순한 표현만으로는 결코 만족할 수 없었다. 그 발단은 '육신론(肉身論)'이었다. 요컨대 만약 성서에서 말한 대로 신이 정말로 그리스도를 통해 육체를 취했다면, 즉 '인간이 되었다'면 신과 그리스도의 관계는 어떻게 되는가. 구약성서의 엄격한 일신교에서 벗어나지 않으면서 그리스도를 통한 구원이 완전한 것이라는 확신을 어떻게 표현하면 좋을까. 이런 물음에 대한 응답으로 나온 것이 바로 육신론이었다.

---

17 "주는 그리스도시요 살아계신 하나님의 아들이시니이다."(마태 16:16), "모든 입으로 예수 그리스도를 주라 시인하여 하나님 아버지께 영광을 돌리게 하셨느니라."(필립보 2:11) 등을 예로 들 수 있다.–옮긴이

정통신앙의 확립

만약 아버지인 성부와 아들인 그리스도 사이에 명확한 차이가 있고, 그러면서도 그리스도가 완전한 신성을 가졌다면 두 신이 존재하는 것이 아닌가. 반대로 만약 그리스도가 신과 명확하게 변별되지 않는다면, 그리스도는 완전한 인성(人性)을 갖지 못한 존재가 되는 것이 아닌가. 만약 그렇다면 인간의 구원은 결국 불완전한 것으로 귀결될 수밖에 없지 않은가. 그리고 성령도 위격화된다면, 아버지인 성부와 아들인 그리스도와 성령의 관계는 어떻게 되는가. 그리스도 구원의 완전함, 성령의 온전한 신성을 인증하면서도 삼신교에 빠지지 않으려면 어떤 고백이 필요한 것일까.

해결책은 신의 "하나"과, 성부·성자·성령의 "셋"을 모두 포괄해서 하나의 개념으로 만들 수 있는 표현을 찾는 것이었다. 즉 통일 속의 다원을, 단수 속에서 복수를 확보할 수 있는 가능성을 모색하는 것이었다. 예를 들면, 테르툴리아누스처럼 라틴어를 쓰는 신학권에서는 앞서 언급한 "하나"를 표현하는 낱말로 "본질" 또는 "실체"를 의미하는 substantia, "셋"을 표현할 때는 persona라는 낱말을 사용했다.

반면 그리스어를 사용하는 신학자들은 "하나"와 관련될 때는 ousia를, "셋"의 경우에는 hypostasis를 사용했다. 그런데 공교롭게도 라틴어 substantia는 그리스어 ousia보다 오히려 hypostasis에 대응했기 때문에 라틴어권 신학자와 그리스어권 신학자들 사이에서 쓸데없는 오해와 그에 따른 대립과 갈등이 일어나기도 했다.

이런 어려움이 있었음에도 불구하고 니케아(325), 콘스탄티노폴리스(381), 에페소스(431), 칼케돈(451) 등의 공의회를 통해 교회의 공식 교리는 아버지인 성부와 성자 그리스도, 그리고 성령의 세 "위격"은 개별적 존재인 동시에 하나의 "본질(substantia)"을 가졌다고 표명했다. 그리스도교 교리사에서 보면, 325년 니케아 공의회의 아리우스 논쟁에서부터 451년 네스토리우스 논쟁까지 일련의 교리 논쟁 과정에서 일어난 일이었다.

입양설

정통신앙의 옹호자 아타나시우스(Athanasius, 295~373)가 내세운 주장으로, 그리스도에게 구원의 완전성을 확보한다는, 기본적으로 구원론에 의해 형성된 교설이다. 그렇지만 이 주장은 어디까지나 논리적 정합성을 추구하던 그리스 사유에서는 결코 수용될 수 없는 것이었다. 예수의 완전한 인간성을 인정하면서 그리스도의 구원의 완전성, 즉 그 신성을 어떻게 고백할 것인지가 문제였다. 그래서 크게 두 갈래의 사색이 전개되었다.

한 갈래는, 어디까지나 예수의 인간성에 역점을 둔 것으로 나사렛 예수는 단순한 인간이지만 윤리적·도덕적으로 뛰어나기에 신이 기꺼이 아들로 받아들였다고 생각했다. 본래 신의 아들이 아니었지만 신의 아들로 채택되었다는 이른바 "입양설(入養說, 양자설)"이다. 이 주장에 따르면, 확실하게 양자가 되어 영원한 성부 가까이 다가갔다 할지라도 그의 신성은 '부여된' 것에 지나지 않기에 아들의 신성과

정통신앙의 옹호자
아타나시우스
(그리스 정교회의
프레스코화, 12세기)

아버지의 신성 사이에는 차이가 있고, 전자는 후자에 비해 떨어진다고 하지 않을 수 없다. 그런 의미에서 이 주장을 "종속설(從屬說)"이라고도 부른다.

다른 한 갈래는 니케아 공의회에서 이단으로 판정받은 아리우스(Arius, 250 또는 256~336)의 주장이다. 아리우스에 따르면, 성자는 '무한한' 성부에게 가깝게 다가갔지만 성부와 본질이 동일한 창조주가 아니라 시간 속에서 창조된 '유한한' 피조물에 지나지 않는다는 것

니케아 공의회에서 유죄 선고를 받는 아리우스
(미카엘 다마스키노스Michael Damaskinos, 16세기)

이다. 여기에서 아리우스의 "그(성자)가 존재하지 않았던 때가 있었다"[18]는 표현이 생겨났다.

---

18 아리우스는 원래 알렉산드리아의 사제였는데, 성부와 성자의 관계를 놓고 알렉산드로 주교와 논쟁을 벌였다. 그의 주장은 한마디로 "예수는 신이 아니라는 것"이다.-옮긴이

이에 맞서 아타나시우스로 대표되는 정통신앙의 옹호자들은, 만약 아리우스의 주장을 받아들이면 아들의 신성이 불완전해져 결국 인간의 구원 자체도 위험에 빠지게 된다는 주장을 펼쳤다. 최종적으로 아리우스의 주장은 이단으로 배척당했고, 아타나시우스의 주장이 정통으로 공인받게 되었다.

가현설

그런데 반대로 아들이 가진 신성의 완전성을 옹호하려 한 나머지 성자 그리스도의 인성을 감별함으로써 아버지와 아들 사이의 상이함을 잃어버릴 위험도 없지 않았다. 이미 기원 1세기 말에 예수가 인간과 동일한 육체를 지닌 것을 부인하는 사람들이 나타났다. 이들은 예수의 지상에서의 생애, 특히 십자가 고난은 단순한 눈가림에 지나지 않으며 단지 그렇게 보인 것에 불과할 뿐이라고 주장하였다. 이들의 주장을 가현설(假現說)이라고 하는데, 당시 적지 않은 사람들의 지지를 받았다. 초대교회의 그노시스파[19]도 그 일부다. 이 주장은 "육체는 영혼의 감옥"라고 했던 플라톤, 즉 그리스 철학의 영향을 받았

---

19 그노시스(Gnosis)는 '지식, 인식, 깨달음'을 뜻하는 그리스어다. 이러한 영적 깨달음을 얻으면 인간은 육체를 초월하여 구원을 얻을 수 있다는 믿음이 그노시스파의 핵심 사상이다. 이들은 인간의 선한 영혼이 죄악으로 물든 육체에 갇혀 있다고 생각했다. 따라서 이들은 신이 그리스도를 통해 육체를 취했다는 정통신앙의 주장(육신론)을 받아들일 수 없었던 것이다.-옮긴이

을 가능성도 있다. 그렇지만 교회는 이 주장을 이단으로 규정하고 단호하게 물리쳤다.

양태설

그노시스파와 직접 관련은 없지만, 3세기 중반 사벨리우스(Sabellius, ?~260?)와 사모사타의 주교 파울루스(Paul of Samosata, 200~275) 등은 신의 단일성을 확보하기 위한 동기에서 성부와 성자 사이의 '타자성'을 배격하고 역으로 성부와 성자와 성령의 연속성을 강조하려 했다. 사벨리우스는 신은 아버지로서는 창조자, 아들로서는 구원자, 그리고 성령으로서는 완성자이며, 이들은 같은 신이 가진 세 양태라고 주장했다. 덧붙이면, 이들은 신은 처음에는 창조자로, 그다음에는 구원자로, 최후에는 완성자로 자기를 계시한다고 했다. 이런 주장을 "양태설(樣態說)"이라고 부른다.

그런데 이런 주장을 반대하는 쪽에서는 얼마간의 조롱을 섞어 "성부수난설(聖父受難說)"이라고 부르기도 한다. 성자 그리스도가 십자가 위에서 겪은 고난은 곧바로 성부 자신의 고난이 되기 때문이다. 이 양태설을 주장한 대표적 인물은 프락세아스(Praxeas, 연대 미상)다.

오랜 논쟁 끝에 정통교회는, 성부와 성자와 성령은 하나의 본질(ousia, substantia)에 세 위격(hypostasis, persona)을 가지고 있으며, 성부와 성자와 성령은 모두 "동일본질(homoousios)"이라는 표현을 받아들였다. 여기서 persona라는 라틴어(그리스어로는 prosopon)는 원래 그리스 연극에서 쓰던 가면을 의미한다. 즉 같은 배우가 역할에 맞게 다른 가면을 쓰면, 다른 인격을 연기한다는 의미다. 그런 까닭에 전체적으로 양태설을 암시하는 듯 보이지만, 양태설에서는 세 개의 역할이 "계시적(繼時的)"이다. 즉 시간의 연속선상에서 순서에 따라 다른 역할을 하며, 해당 시점에서는 단지 하나의 역할밖에 맡지 못한다고 생각하는 것에 비해 정통신학은 세 위격을 "병시적(竝時的)"으로 파악한다는 점에서 큰 차이가 있다. 즉 하나의 신이 창조자인 동시에 구원자이자 완성자인 것이다. 현대의 신학자 카를 바르트(Karl Barth, 1886~1968)의 표현을 빌리면, "성부와 성자와 성령은 하나의 신의 세 '존재 양식'"인 것이다.

삼위일체를 최초로
표현한 것으로 추정되는 석관
(4세기, 바티칸 박물관)

성부와 성자와 성령의 완전한 동일성이 공의회에서 공인되어 로마 제국 국법의 일부가 되면서부터 삼위일체에 대한 부정과 배척은 국법에 대한 위반이자 사회의 안녕과 질서에 대한 도전으로 규정되어 극형에 처해졌다. 이런 사정은 중세 1천 년 역사 동안 불변의 원칙이 되었다.

그리스도 양성론

이렇게 성부와 성자와 성령의 동질성이 확립되자, 그다음으로 제기된 문제는 둘째 위격인 그리스도의 신성과 인성이 어떻게 존재하는가였다. 이에 대한 여러 응답 중 하나는, 그리스도의 인성을 강조하는 것으로, 이 인성이 신을 향한 절대복종이라는 덕성에 의해 무한한 신성으로 다가간다는 입장이다. 그리스도교가 성립된 유대 지역과 지리적으로 가까운 시리아의 안티오키아가 이런 해석의 중심지였다. 이 입장은 앞서 삼위일체 논쟁에서 소개한 입양설을 떠올리면 어렵지 않게 이해할 수 있다.

콘스탄티노폴리스의 대주교 네스토리우스(Nestorius, 386?~450)가 받았던 이단 혐의도 이러한 생각과 관련이 있다. 네스토리우스는 성모 마리아를 "그리스도의 어머니(Christotokos)"라고 불렀지만 "신의 어머니(Theotokos)"라고 부르는 것은 거부했다고 한다. 중세의 종교재판에서 마리아를 "그리스도의 어머니"라고 불러도 괜찮은가 하는 심문관의 질문에 신학을 잘 모르는 일반 서민들이 말려들어 이단으

에페소스 공의회에서 논쟁을 벌이는 네스토리우스와 키릴루스

로 단죄당하는 경우가 적지 않았다. 일반 신자들은 좀처럼 이해할 수 없는 이야기였을 것이다.

이 입장과 반대되는 극단은, 그리스도 안에 신성과 인성, 양성이 혼재되어 인성이 신성에 흡수되었다고 여기고, 그 때문에 그리스도의 인성이 우리 인간과 관계가 없게 될 위험성이다. 네스토리우스의 논적이었던 알렉산드리아 대주교 키릴루스(Cyrillus, 375/380?~444)는 성모 마리아를 "신의 어머니"라고 불렀는데, 육신 후에는 이미 인성은 사라진다고 주장하면서 마리아를 "그리스도의 어머니"로만 불렀던 네스토리우스를 강하게 비판했다.

형식상으로 키릴루스의 주장이 정통인 것처럼 보이지만, 그 경우에는 위격을 지칭하는 용어로 hypostasis가 아니라 '본성'을 뜻하는 physis를 사용했기 때문에 ousia와 혼동된다. 따라서 그리스도의 양성이 아닌 신의 일성(一性)만을 인정하는 단성설적 경향을 부정하기 어렵다는 점 때문에 앞서 언급한 양태설과 연결될 위험도 적지 않다.

중세 스콜라학

오랜 논쟁 끝에 성부와 성자와 성령 세 위격이 동일본질이며(좁은 의미에서의 삼위일체), 그리스도의 위격 안에서 신성과 인성은 "혼동도 분리도 되지 않지만 구별된다"는 정통 신앙고백이 받아들여지게 되었다. 이렇게 성립된 삼위일체론은 중세 교회의 학문이었던 스콜라학으로 계승되었다.

하나의 본질에 세 위격이라는, 단번에 이해하기 쉽지 않은 이 교리를 어떻게 논증할 것인가 하는 문제를 둘러싸고 몇 가지 주장이 등장했다. 여기서는 세르베투스의 분류에 따라 세 주장을 들어보자.[20]

---

20 *De trinitatis Errotibus* 24a. 일본어 초역 『宗教改革著作集』 10권 II 出村彰 譯(教文館, 1993)

첫 번째 주장은, "예증적(illustrative)"이라고 부르는 사고방식이다. 이 주장의 대표적 인물은 아우구스티누스(Augustinus, 354~430)인데, 그에 따르면 삼위일체의 신비는 계시에 의하지 않으면 믿기 어렵다는 것이다. 어째서 신자들은 "성부가 성부인 이유는 그가 아들을 낳았기(beget) 때문이고, 성자가 성자인 이유는 그가 낳아졌기(is begotten) 때문이며, 성령은 성부와 성자로부터 영원히 발출(proceed)한다"고 고백해야 하는가. 이런 삼위일체에 대한 고백은 신앙으로 받아들일 수밖에 없는 교리다.

이런 교리를 언급하면, 신자들은 그 신앙 내용을 이해하려는 열망을 갖는다. 물론 삼위일체의 신비를 이성적으로 논증하는 것은 불가능하지만, 신의 모상(模像)인 인간의 영혼 속에는 신성의 이러한 구조를 반영하여 그것을 예증하는 능력이 주어져 있다. 예를 들면, 인간의 기억과 지성, 의지 세 능력은 각기 다른 정신적 능력이지만, 그 작용은 하나인 것이다. 또 다른 예를 들면, 사랑하는 사람과 사랑받는 사람, 그리고 사랑, 이 세 가지는 각기 다르지만 그 본질에서는 하나다.

이러한 삼위일체의 신비에 대한 논리적 증명은 있을 수 없지만, 앞서 언급한 인간적·현실적 사례는 신적·천상적 신비의 예증이 될 수 있는 것이다. 이런 주장은 아우구스티누스 이후 페트루스 롬바르두스(Petrus Lombardus, 1096~1160)를 거쳐 토마스 아퀴나스(Thomas Aquinas, 1224/25?~1274)에게까지 계승되었다.

중세 스콜라학의 두 번째 주장은 성 빅토르 리카르도(Richard of Saint Victor, 1110~1173)가 주창한 것과 관련이 있는 "실증적(demonstrative)" 사고방식이다. 이 주장은 근본적으로 신플라톤주의의 신관, 즉 신은 하나이지만 무한하게 자신을 분여(分與)하여 확산시키는 것이 그 본성이라는 추론이 전제되어 있다. 하지만 리카르도의 경우에 신의 자기 분여는 결코 무한하지 않고 오로지 세 개로 그친다. 따라서 왜 세 개로 그쳤는가 하는 점에서 보면 결국 신앙고백이라 하지 않을 수 없다.

리카르도에 따르면, 신은 사랑이지만 사랑은 반드시 자기 자신 이외의, 자신과 구별되는 자기와 대등한 존재가 필요하다. 신은 사랑의 대상으로서 신을 필요로 하는 것이다. 그렇다면 여기에서는 두 개에 그치고 세 개가 되어서는 안 되는 것이 아닌가 하는 의문이 생긴다. 그래서 리카르도는 질투심을 끌어들여 사랑을 공유할 수 있는 제3의 존재가 반드시 필요하다고 주장했다. 그것이 성령이라는 것이다. 이렇게 해서 거룩한 삼위일체는 이성에 의해 논증된다고 리카르도는 주장했다.

그렇지만 세 번째 주장은 앞서 언급한 "예증"이나 "실증"에 절망한 나머지 교회의 권위에 호소하는 것이었다. 중세 말이 가까워지면서 중세를 관통했던 기본 이념인 통일·통합·일치의 가능성이 점차 흔들리기 시작하자 스콜라학의 근본과제였던 이성과 신앙, 철학과 신학의 통합 가능성에 대해서도 크게 의심이 일기 시작했다. 이 세 번째 주장을 대표하는 인물은 윌리엄 오컴(William of Ockham, 1280~1349)으로, 그 배후에는 중세 말기의 '유명론(唯名論)'으로 불리는 철학적 사고가 있었다.

오컴에 따르면, 실재하는 것은 눈으로 보고 귀로 듣고 손으로 만지는 것이 가능한 구체적·개별적인 것뿐이며, 그것을 넘어선 어떤 것이든 타당하고 보편적인 것은 단순한 명칭에 지나지 않는다는 것이다. 거기에서 '오직 이름뿐'을 의미하는 유명론이라는 명칭이 생겨났다.

예를 들면, '국가'라는 것은 단순한 명칭에 지나지 않으며, 현실로 존재하는 것은 개개의 국민들뿐이라는 것이다. 또 '교회'를 예로 들면, 그 자체가 '보편적'이라는 의미인 가톨릭교회는 명칭만 실재일 뿐 실제로 존재하는 것은 각지에 현존하는 개별 그리스도인의 모임, 즉 회중뿐이다. 그렇다면 '보편적' 교회의 수장인 로마 교황도 실제로는 존재하지 않는 것의 정점에 있는 허구에 지나지 않는 존재가 될지도 모른다. 이로 인해 유명론은 중세의 교회제도와 그곳에서의 성직자 지배를 밑바닥에서부터 뒤흔드는 위태로운 결과를 낳았다.

그런데 만약 이 논법을 삼위일체에 적용하면 어떻게 될까. 세 위격을 통합하는 보편·공통 존재로서의 신은 단순한 관념에 불과하며 실체를 갖지 못한 것이 된다. 따라서 성부와 성자, 성령 세 위격은 각기 개별적으로 존재하는 세 신이 되는 것이 아닌가. 이런 논법의 전개에 따라 삼위일체는 모든 철학적·이론적 근거를 잃어버리게 되었다. 그렇다면 삼위일체 교리를 계속 유지하는 유일한 길은 지금까지 의심할 수 없는 존재였던 교회가 계속 가르쳐온 권위에 호소하는 방법뿐이었다. 따라서 교회의 권위가 한 번 무너지게 되면 삼위일체 교리 역시 곧바로 그 논거를 잃고 와해되리라는 두려움이 적지 않았다. 물론 이런 생각의 배후에는 실제로 일어난 것 외에는 아무것도 아니라는 유명론적 사고가 있었다. 교회의 전통적 권위에 호소하려는 이와 같은 움직임이 나타난 것은 16세기 초반 가톨릭교회 자체가 흔들리기 시작했기 때문이다.

세르베투스와 삼위일체론–성서규범

이제 세르베투스가 주장한 삼위일체론에 대해 이야기할 차례가 되었다. 문제는 세르베투스가 전통적 그리스도교 사상과 어떻게 대결하고, 또 그것을 어떻게 넘어서려 했는가 하는 것이다. 그리고 그 과정에서 어떤 점이 정통신앙에서 일탈한 결과를 낳았는가 하는 것이 주요 논점이다.

세르베투스가 앞서 언급한 『삼위일체론의 오류에 대하여』를 비밀리에 출판한 것은 스무 살 무렵이었다. 따라서 그 책을 쓸 때는 열여덟이나 열아홉 살에 지나지 않았다. 새파랗게 젊은 세르베투스에게 그리스도교 사상에 대한 제대로 된 논술을 기대하는 것 자체가 애초에 무리였다고 생각할 수 있다.

그렇지만 책을 통해 드러난 세르베투스의 광범위한 독서와 연구는 그리 만만한 것이 아니었다. 그는 신구약성서 원전에 정통했을 뿐 아니라 니케아 공의회 전후 교회 교부들의 여러 문헌을 두루 섭렵하였고, 또 중세 스콜라학의 논의 내용도 모두 알고 있는 것이 분명했다. 그럼에도 세르베투스의 논설은 꽤나 혼란스러워서 그의 논의를 정확하게 이해하기란 쉬운 일이 아니다. 여기서는 세르베투스가 제시한 논의의 규범 내지 척도라고 생각되는 것을 몇 가지 열거해보도록 하겠다. 그의 주장이나 논의는 의외로 16세기 교회개혁 운동 전체, 그중에서도 특히 '급진파'들이 내세웠던 원리와 상당히 유사하다는 것을 알 수 있다.

세르베투스가 따른 첫 번째 규범은, 무엇보다 성서 자체, 즉 "적혀 있는 그대로의 성서(Scriptura scripta)"였다. 그의 주장을 『삼위일체론의 오류에 대하여』에서 인용해보자.

> 나는 그리스도의 말을 가장 단순하게 이해한다. 나는 누군가 거기에 대해 무리하게 (해석) 하는 것을 묵인할 수 없다. 나는 사람들이 성서를 자신에게 맞는 방식으로 끌어모아서 마음대로 날조하는 것을 원하지 않는다.[21]

여기에서 볼 수 있는 것은 극단적일 만큼 단순한 성서 어구주의(語句主義) 내지 축어주의(逐語主義)다. 여기서는 성서에 명확히 나타나지 않는 표현이나 조사는 모두 배제한다. 성서 어디에도 "하나의 본질과 세 위격" 같은 표현은 나오지 않을뿐더러 쓰이지도 않는다. 따라서 삼위일체를 이야기하지 않더라도 성서의 신앙 성립에는 아무런 문제가 없다는 것이다.

그러나 세르베투스의 이 같은 성서주의는 종종 매우 불확실한 논거나 때로는 자의적 사변에 의해 어떤 방향으로든 왜곡될 위험성이 있는 것이 사실이다. 예를 들면, 세르베투스는 구약성서에서 신을 지칭하는 데 사용된 세 히브리어 낱말, "야훼(Yahweh, 여호아)"와 "엘로

---

21 *De trinitatis Errotibus*, 9a~b.

힘(Elohim)", "아도나이(Adonai)"가 각기 다른 정도의 신성을 가진 개별적 존재를 나타낸다고 주장한다. 그래서 신약성서에서 저 "의심 깊은" 제자 도마가 부활한 예수를 향해 "나의 주님이시요 나의 하나님이시니이다"(요한 20:28)라고 했을 때 그것은 전능한 성부 여호아를 향한 것이 아니라 그보다는 정도가 떨어지는 엘로힘에 대한 고백이라고 세르베투스는 단정한다.[22] 그렇지만 오늘날의 통설에서 이러한 구분은 성립되지 않는다.

세르베투스가 제시한 두 번째 규범은, 니케아 공의회 이전과 이후를 단호히 구별한다는 것이다. 세르베투스에 따르면, 니케아 공의회 이후의 그리스도교는 태초의 순수함을 잃어버렸다는 것이다. 왜냐하면 교회가 국가 권력의 보호 하에 있으면서 타협을 통해 삼위일체의 가르침을 선량한 가톨릭 신자라면 누구나 믿고 따라야 하는 '교리'로 만든 시점이 니케아 공의회 이후이기 때문이다.

앞에서 『삼위일체론의 오류에 대하여』에 관해 언급하면서 세르베투스가 니케아 공의회 전후 교부들의 문헌을 두루 섭렵했음을 지적한 바 있다. 세르베투스가 자신의 주장과 함께 삼위일체론을 반박하기 위해 인용한 고대의 저술가들은 아리우스를 비롯해 마케도니우스(Macedonius, 340~430), 에우노미우스(Eunomius, ?~395), 막시미누스(Maximinus, 308~313), 네스토리우스, 에우티게스(Eutyches, 380?~456?), 프락세아스, 빅토리누스(Victorinus, 303~304), 사벨리우스 등 셀 수 없을 만큼 많다. 그런데 아리우스 역시 부정적으로 언급했다는 사실에

---

22 *De trinitatis Errotibus*, 14a~b.

미카엘 세르베투스와
육필 원고

주목해야 한다. 채 스무 살도 되지 않은 청년으로서는 놀랄 만한 지적 탐구와 독서량이었다고 하지 않을 수 없다.

세르베투스와 중세 스콜라학

세르베투스가 중세 스콜라학에도 상당히 정통했다는 것은 분명하다. 세르베투스는 아우구스티누스를 즐겨 읽었기에 앞서 언급한 '예증적 논의'의 문제점도 명확하게 인식하고 있었을 것이다. 예를 들면, 아우구스티누스는 목장의 소가 발자국을 남겼다면 소의 존재도 명확한 것처럼 인간 정신의 내면적 구조에서 신의 삼위일체적 존재방식을 추론할 수 있다고 주장한다.

하지만 애당초 소를 한 번도 본 적 없는 사람이라면 어떻게 발자국만으로 소를 예증할 수 있을까. 또한 앞서 스콜라학의 두 번째 주장으로 소개한 '실증적 방법'에 대해 세르베투스는 전적으로 상식 밖의 주장에 불과하며, 성서를 전혀 모르는 "철학 놀이(philosophaturum)" 또는 "철학적 질병(philosophica pestis)"이라며 배척하였다.[23]

그리고 세 번째 주장인 오컴의 사상에 대해서도 세르베투스는 확실하게 알고 있었던 것이 분명하다. 당시 오컴학파는 토마스 아퀴나스나 페트루스 롬바르두스로 대표되는 흐름("옛길", '구신학'으로 불렸다)과 구별하여 "새로운 길", 즉 '신신학(新神學)'으로 불렸다. 세르베투스는 오컴 외에도 같은 신신학에 속한 로버트 홀코트(Robert Holcot, 1290?~1349), 그레고리우스(Gregory of Rimini, 1300?~1358), 피에르 다이이(Pierre d'Ailly, 1351~1420) 등에 대해서도 언급하고 있다.

세르베투스는 예증론은 물론 실증론에도 찬성하지 않았지만, 그렇다고 해서 오컴의 주장을 따랐던 것도 아니었다. 오컴의 공헌은 "철학의 진리와 신학의 진리를 구별했다"는 것이다. 예를 들면 삼위일체론은 철학의 진리로는 성립하지 않지만 신학적·신앙적 진리로 받아들여야 한다는 이른바 "이중(二重)진리설"인데, 예리한 시각과 기백이 넘쳤던 인문주의자 세르베투스는 이런 주장을 인정할 수 없었다. 더군다나 오컴의 주장에 내포되어 있는 권위에 복종해야 한다는

---

23 *De trinitatis Errotibus*, 43.

요구는 세르베투스로서는 도저히 용인할 수 없는 것이었다.

추기경 피에르 다이이는 "신께서는 그러한 진리가 가톨릭 신자들에게 신앙되기를 바라신다. 신께서는 그것이 교회에 계시되어 교회의 권위에 의해 결정되도록 정하셨다"고 하였다. 그러나 교회의 권위 자체가 흔들리면 어떻게 할 것인가. 그런데 이미 현실은 그렇게 되어가고 있었다.

세르베투스의 삼위일체론

세르베투스는 삼위일체에 대해 "그렇지 않다"고 말함으로써 그리스도교의 핵심 교리를 정면에서 거부했다. 그렇다면 그 자신은 어떤 그리스도론을 정립하려 했던 것일까. 이 질문에 대답하기는 꽤나 곤란한데, 현대의 세르베투스 연구가들 사이에서도 의견이 크게 엇갈리고 있다.

다소 무모하게 들릴지도 모르지만, 동시대인들이 세르베투스의 삼위일체론을 어떻게 받아들였는가 하는 것과는 별개로, 근대의 연구가 윌버(Earl Morse Wilbur, 1866~1956)는 세르베투스의 의도는 삼위일체의 부정과 부인이라기보다는 그의 책 제목, 즉 『삼위일체론의 오류에 대하여』에서도 알 수 있듯이 전통적인 이해의 잘못을 지적하고, 무엇보다 성서 본문에 대응하여 이성적으로 쉽게 수용할 수 있는 그리스도교적 경건함의 함양에 도움이 되는 것을 찾아내려는 시도였다고 주장했다. 윌버의 해석이 어느 정도 일리가 있을지 모르지만, 세르베투스의 실제 의도가 그러했는지는 알 수 없다.

좀 더 상세하게 이야기하면, 세르베투스의 출발점은 스콜라학의 관념적·추상적·형이상학적 그리스도상이 아니라 현실 역사 속에 태어난 지상의 나사렛 예수, 복음서가 생생하게 묘사하고 사도와 교부들이 믿음으로 받아들인 인간 예수 그 자체다. 그렇다 하더라도 세르베투스는 이 예수가 단순한 인간에 불과한 존재라고 단언한 적은 없다. 세르베투스 또한 예수를 신의 아들로 고백한다. 때로 그는 상당히 서정적 어조와 신비주의적 황홀감에 빠져 예수를 찬미하였다.

물론 16세기에 태어난 세르베투스가 현대 신학에서 말하는 의미에서 "역사의 예수"와 "신앙의 그리스도"를 구별했을 리는 없지만, 그럼에도 전자를 배제한 후자는 내실을 잃은 슬픈 사변일 수밖에 없다는 사실을 호소했다는 것만큼은 확실하다.

거듭 말하지만, 세르베투스는 예수가 구세주이며, 신성을 가진 존재라는 사실을 부정하지 않았다. 예수는 완전한 신성을 성부와 공유했다는 의미에서 신이다. 또한 예수의 이 신성을 존재나 실재보다는 힘으로서 혹은 움직임으로서 이해하였다. 이 점을 이해하지 못하면 하나의 본질에 세 위격이라는 정식(定式)에 따른 사변이 생겨버리고 만다.

성서가 우리에게 보여주는 것은, 성부와 성자 사이의 마음과 의지의 합치와 조화다. 좀 더 적극적으로 말하면, 신 안에는 "세 개의 정묘한 경륜(tres admirandas Dei dispositiones)"이 존재한다. 그리스어 oikonomia에 해당하는 라틴어 dispositio는 상당히 광범위한 의미를 갖고 있지만, 세르베투스의 진의(眞意)는 "신이 존재로서 세 위격을 갖는 것이 아니라 세 개의 존재 양식으로 자기를 계시한다"고 말하고 싶었

던 것으로 생각된다.[24]

세르베투스에 따르면, 신성은 자신을 단계적으로 "발출"시켜 아들인 예수 그리스도에게로, 그리고 더 나아가 인간의 영(靈)으로 이어진다는 것이다. 이 부분에서는 확실히 신플라톤주의의 영향이 느껴지기도 하고, 성령과 인간의 영혼을 혼동할 위험성이 엿보이는 것도 사실이다. 만약 세르베투스의 입장을 이렇게 이해한다면, 고대 교리사에서 사벨리우스와 사모사타의 주교 파울루스가 주장한 '양태설'과 가장 가깝다고 생각되는데, 앞서 언급한 발출론 탓에 아들의 양태는 아버지의 그것과 완전히 동일본질이 아니라 구약성서에서 통상 인간을 넘어선 존재를 "신"으로 불러도 지장이 없다는 의미와 정도에서 "신적(神的)"이라고 했던 것이다. 그리고 성령에 대해서도 인간 일반의 영성과 등치될 수 있다는 위험에서 자유롭지 못한 것도 사실이다.[25]

그의 주장이 어떠하든, 다음과 같은 세르베투스의 발언은 가톨릭과 개신교를 불문하고 당시 교회의 입장에서는 도저히 용납할 수 없는 것이었다.

> 성서 어디를 찾아보더라도 삼위일체라든가, 그 위격이라든가, 본질이라든가, 실체의 통일이라든가, 몇 개의 존재를 가진 하나의 본성이라든가, 그 밖의 그들(스콜라학자)이 입에 올리는 황당한 일이나 억지는

---

24 *De trinitatis Errotibus*, 36b~37a.

25 *De trinitatis Errotibus*, 39a 참조.

한마디도 발견할 수가 없다.[26]

이처럼 대담무쌍하게 발언한 자는 의심할 바 없이 위험하기 짝이 없는 이단이 분명했다. 따라서 추격의 고삐가 느슨해질 수 없는 것도 무리는 아니었다.

---

26 *De trinitatis Errotibus*, 32a.

세르베투스 재판

투옥

1553년 4월 7일 비엔의 감옥에서 탈옥한 세르베투스의 이름이 다시 공문서에 등장한 것은 같은 해 8월 제네바에서였다. 8월 13일 일요일, 제네바 시내 마들렌 교회에서 예배가 끝난 직후 교회를 떠나려는 신자들 사이에서 갑자기 고함소리가 터져나왔다.

"세르베, 세르베, 이단, 대이단 세르베다!"

몇 사람이 마흔이 넘은 듯한 한 남자를 가리키며 크게 소리를 질렀다. 마침 시내를 순찰하던 경찰이 급히 달려와 이 낯선 남자를 감옥에 가두었다. 좀 더 자세히 말하면, 이 남자를 수상하게 여긴 몇 사람이 칼뱅에게 연락했고, 칼뱅이 시의회에 통지하여 체포에 이르게 되었던 것이다. 이것이 마침내 전 유럽을 뒤흔든 '세르베투스 사건'의 예상치 못한 발단이었다.[27]

---

27 상세한 재판 기록은 *Calvini Opera* VIII 726~871쪽. 일본어 번역은 『原典宗教改革史』 倉

현대의 연구자들은 지금도 계속 질문을 던지고 있다. 무슨 이유로 세르베투스가 하필이면 제네바에, 그것도 칼뱅이 있는 제네바에 모습을 드러냈는가. 칼뱅은 이전부터 만약 세르베투스가 이곳에 나타난다면 결코 살아서 돌아가지 못할 것이라고 말하지 않았던가. 세르베투스는 얼마 동안 이 도시에 숨어 있었던 것일까. 재판정에서 세르베투스는 자신은 단지 하룻밤만 머물 예정이었고, 다음 날에는 나폴리를 향해 계속 여행을 할 예정이었다고 주장했다. 그래서 전날 저녁 이미 숙소 주인에게 다음 날 레만호를 건너 취리히로 건너갈 배도 예약해놓았다고 항변했다.

후대의 역사가 중에는 제네바의 공안과 질서는 손톱만큼도 위해를 가하지 않고 단지 지나가는 여행자에 불과한 세르베투스를 체포하여 마침내 죽음에 이르게 한 칼뱅을 향해 비난의 목소리를 높이는 사람도 적지 않다. 26년 전 여름, 칼뱅 자신도 단지 하룻밤을 머물기 위해 제네바를 거쳐 간 적이 있지 않았던가.

실제로 세르베투스가 그런 이유로 제네바에 머물렀는지는 알 수 없다. 다른 추측도 가능한데, 세르베투스가 이미 상당 기간 제네바 시내에 잠입하여 칼뱅을 거꾸러뜨릴 기회를 노렸을 수도 있다. 사실 1553년은 칼뱅에게 위기의 연속이었다. 이전부터 칼뱅은 교회권의 자율성을 확립하고, 그 구체적 표현인 배찬 정지(파문) 선고권을 장로회가 확보하기 위해 모든 노력을 기울이고 있었다. 그 때문에 도시의 오랜 귀족 계층 출신으로 제네바 독립 영웅의 아들이지만 예전부

塚平 譯, 390~412쪽.

터 행실 문제로 악명이 높았던 필리베르 베르틀리에(Philibert Berthelier)에게 파문을 선고하고, 성찬례 참석을 금지시켰다. 그러자 베르틀리에는 시의회에 파문 해제를 청원하고, 의연히 도시의 뿌리 깊은 반칼뱅 세력을 규합하여 단숨에 칼뱅을 쫓아내려 한 것도 이 무렵의 일이다.

세르베투스가 반칼뱅파와 몰래 연락을 취했거나 그들의 비호 아래 시내에 숨어 있었을 가능성도 있다. 자부심 넘치던 세르베투스가 스무 해 전 파리에서 숨어 지내던 중 알게 된 이후 칼뱅에 맞서 은밀하게 불태워온 개인적인 대결의식과 질투심이 스스로를 몰아붙여서 그처럼 터무니없는 정치적 음모의 길로 나서게 했을지도 모를 일이다. 아니면 그와는 정반대로 칼뱅과 함께 반체제운동에 나설 생각에 뭔가 친근감을 갖고 제네바에 끌리듯 들어왔다는 해석도 가능하지 않을까. 역사는 언제나 깊은 내막을 감춰두고 있는 법이다.

고소 이유

체포 다음 날인 8월 14일 고소장이 제출되었다. 제네바에서는 밀고를 막기 위해 소송절차에 따라 고소인도 피고소인과 함께 수감하기로 결정하였다. 그다지 명예롭지 못한 이 역할은 칼뱅의 비서인 니콜라스 드 라 폰테느(Nicolas de la Fontaine)가 맡았다. 그렇지만 고소장의 내용에 칼뱅이 깊이 관여되어 있다는 것만큼은 명백했다. 모두 마흔 항목이 넘는 고소 이유 중에서 주로 삼위일체론에 관한 부분을 발췌하여 제네바 법정에서 문제 삼은 세르베투스의 '이단성'에 대해 살펴보도록 하자.

1. 저 남자는 약 24년 전 독일 교회를 오류와 이단설로 혼란에 빠뜨려서 단죄되자 도망을 친 자로 자신에게 내려진 벌을 회피하였다.
2. 그는 그 무렵 혹은 그 직후에 혐오스러운 책을 출판하여 많은 사람을 감염시켰다.
4. 그는 나중에 비밀리에 다른 책을 출판했는데, 그 책 역시 수많은 신성모독으로 가득 차 있다.
6. 신의 본질 안에는 세 개의 다른 위격, 즉 성부와 성자와 성령이 있다고 믿는 자는 사람이 상상할 수 없거나 해서는 안 되는 세 개의 괴물을 만들어내는 것이라고 쓰거나 가르쳤고, 또 널리 퍼뜨렸다.
7. 신의 본질을 이렇게 구분하는 것은 유일신을 셋으로 분할하는 것이며, 그것은 고대의 시인이 지옥문을 지키는 케르베로스처럼 세 개의 머리를 가진 악마, 괴물 혹은 그와 비슷한 부정한 것이라고 운운하지 않았는가.
9. 우리 주 예수 그리스도는 동정녀 마리아가 성령으로 잉태할 때까지는 신의 아들이 아니라고 하지 않았는가.
10. 예수 그리스도가 영원한 과거로부터 성부에 의해 태어난 말씀이라고 믿는 자는 공상적이며 미신적 구원관을 가진 것에 불과하다고 하지 않았는가.
11. 예수 그리스도는 신께서 그를 신으로 만드셨기에 신이라고 하지 않았는가.

12. 예수 그리스도의 육체는 하늘에서 온 것이며, 신의 실체에서 생겨난 것이라고 하지 않았는가.

세르베투스에 대한 고소 이유는 영혼불멸설 부정(27), 원죄설 부정(30), 유아세례 부정(31) 등으로 이어진다. 37항에서는 "그는 이 제네바 교회에서 신의 말씀을 전하는 교역자인 장 칼뱅에 대해 온갖 부정과 모독을 퍼붓고 날조했으며, 간행된 책을 통해 그가 말한 교리의 명예를 더럽혔다"고 하였으며, 39항에서는 "니콜라스 드 라폰테느는 세르베의 교리가 올바른지 여부를 따지는 논쟁에 들어가기 전 여기에 언급되어 있는 여러 항목의 사실에 대해 그가 대답하도록 명령을 내려달라고 요구했다. 그 대답 후에 교리논쟁을 하기 원했다"고 끝맺고 있다.[28]

세르베투스와 아리우스주의

여기에서 세르베투스 사건과는 직접적 관련이 없을지 모르지만, 과거 세르베투스가 '아리우스주의자'였다는 혐의에 대한 시비를 가리기 위해 최신 연구서를 통해 아리우스 사상의 내용을 항목화해서 소개해보도록 하자.

---

28 『原典宗教改革史』, 401~403쪽.

1. 신은 언제나 성부였던 것이 아니라 성부가 아닌 상황 속에 계셨던 때가 있었다.
2. 신의 말씀이나 성자는 하나의 피조물이다. 신은 무에서 말씀·성자를 창조했다. 따라서 말씀·성자는 기원이 없는 영원한 신의 본성 혹은 실체에 관여할 수 없다. 성자는 언제나 존재하는 것이 아니다.
3. 두 개의 말씀과 두 개의 지혜가 존재하고, 몇몇 신의 힘이 존재한다.
4. 성자는 그 본성이 가변적이지만, 신의 선물에 의해 불변을 가진다.
5. 말씀은 신적 존재와 다른 것이며, 참된 신은 아니다. 왜냐하면 말씀은 존재가 주어진 것, 즉 피조물이기 때문이다.
6. 신에 대한 성자의 지식은 불완전하다. 성자는 성부를 단지 인지하고 이해하는 것에 지나지 않는다. 성자는 그 존재가 주어진 것이며, 피조물은 창조자를 완전하게 알지 못하기 때문이다.
7. 성자는 자기 자신에 대한 지식이 한정되어 있다.
8. 성자는 우리 인간을 창조하기 위한 도구로서 우리를 위해 창조되었다.
9. 다른 실체 세 개가 하나로 존재한다. 세 개의 실체는 그 본질이 다르다. 그 셋을 하나로 통합하는 힘은 순수하고 도덕적 결합력이며 의지와 성향에 바탕을 두고 있다.

이전 장과 앞서 소개한 고소장의 내용과 비교해보면, 다소 차이가 있지만 세르베투스와 아리우스의 유사성이나 공통성은 부정하기 힘들다. 그래서 아리우스주의야말로 확실한 이단인 것이다. 그리고 고소장 30항의 유아세례 부정에 대해서는 다소간 설명이 필요하다. 뒤에서 다룰 테지만, 유아세례를 부정하고 재세례를 하는 것은 삼위일체론의 부정과 더불어 제국법인 유스티니아누스 법전(Jstinian's Code)[29]에서 사형으로 다스릴 만큼 엄격하게 금지하고 있는 중대한 위반사항이다. 이렇게 제네바 시정부의 법률기구는 적극적으로 자신의 기능을 행사하기 시작했다.

여기서는 더 이상 상세히 언급하지 않겠지만, 10월 말에 비극적인 결말에 이른 재판의 모든 과정이 놀랄 만큼 엄밀하고 정확하게 기록·보존되어 현재도 누구나 찾아볼 수 있다. 유럽 법의식의 전통을 반영한 것이라고 할 수 있다.

재판의 진전

재판의 세부 사항을 모두 서술하는 것은 큰 의미가 없을 것이다. 재판은 크게 몇 개의 국면과 단계로 전개되었다. 첫 번째 국면은, 앞서 언급했던 고소장에 기초해 8월 17일에 칼뱅이 시의회에 출두해서 고소 내용에 대해 진술한 것이다. 두 번째는 시의회가 재판의 논점이 단순한 신학 논쟁이 아닌 제네바 공화국의 공안과 질서에 관한

---

29 로마법대전을 말한다. 동로마제국의 유스티니아누스 1세가 로마의 판례법 및 학설을 집대성하여 편찬한 법전의 이름이다. 정식 명칭은 시민법대전(Corpus Iuris Civilis)이다. 로마법은 넓은 의미에서 고대 로마에서 시행된 법만이 아니라 18세기 말까지 유럽 전체에서 사용된 사법제도라고 볼 수 있으며, 이후 유럽 법체계의 근간을 이룰 만큼 지대한 영향을 주었다.-옮긴이

것이라고 판단을 내렸다는 것이다. 그런 후에는 지금 식으로 말하면, 검찰관이 심리를 맡게 되었다. 그사이에 가톨릭 지역인 비엔과의 연락도 여러 차례 이루어져서 증거도 차곡차곡 쌓이기 시작했다.

세 번째는 칼뱅과 세르베투스가 주고받은 문서에 따른 신학 논쟁이다. 목사단이 제출한 37개 항목의 논박문에 대해 세르베투스가 쓴 방대한 분량의 주가 달린 문서가 남아 있다. 네 번째는, 이 사건을 대해 스위스 맹약공동체를 구성하고 있는 개신교 각 주(칸톤Kanton)의 의견을 청취한 것이다.

8월 21일, 제네바 시의회는 취리히, 베른, 바젤, 샤프하우젠 등 각 주의 시의회 앞으로 관련 서류를 발송했다. 그 내용은 이미 각 교회의 목사들에게 판단을 요청하는 문서를 직접 보냈으니 시당국이 영향력을 행사해서 "그들이 모두 심의를 끝낸 후에 답장을 보내 사건이 적절하게 처리되도록" 해달라고 의뢰하는 것이었다. 얼마 후 답장이 차례로 도착했는데, 대부분 피고 세르베투스에 대한 극형을 적극 지지한다는 내용이었다.

세르베투스는 몇 차례에 걸쳐 시의회에 청원서를 보내 공정한 심의와 인도적 처우를 요구했다. 9월 15일의 탄원에 따르면, 옥중의 세르베투스는 갈아입을 옷조차 허용되지 않아서 "내 몸에 이가 들끓고 있다"고 호소했다. 이런 처우에 대해 칼뱅은 "이단에게 인권은 허락되지 않는다"는 유스티니아누스 법전을 인용해서 정당화했다. 하지만 정작 칼뱅 자신은 (그 법전에서) 거룩한 교회나 사제·성직자, 그 밖의 다른 종교의 사정에 대해 언급한 것을 지키지 않았을 뿐더러 믿지도 않았다. 세르베투스는 변호인이나 대리인을 붙여달라고 요청하면서 만약 승소할 경우 모든 비용은 "최초의 고소인과 이 재판을 제기한 장본인인 칼뱅이 부담하게 해야 한다"고 주장했다.[30]

일주일 후인 9월 22일에 제출한 청원서에는 현재 자신이 받고 있는 혐의 중에서 "영혼은 죽는다"는 것과 "예수 그리스도는 동정녀 마리아로부터 육체의 사분의 일밖에 받지 못했다"는 고소 내용을 강하게 부인하면서, 영혼불멸의 부정은 모든 이단, 모든 범죄 중에서도 최악이며, "다른 모든 이단이나 범죄에는 구제의 희망이 조금이라도 있지만, 이것은 전혀 그렇지 않다"고 하였다. "그렇기에 여러분, 그 거짓 고발자를 동태복수법(同害報復)[31]으로 처벌해주실 것을 요구합니다. 그래서 저처럼 그를 감옥에 가두고 그의 사형인지 저의 사형인지, 혹은 다른 죄로 재판을 할 수 있도록 해주시기 바랍니다. … 이상의 두 가지 점과 제가 그에게 제기한 다른 죄목을 증명할 수 없다면 저는 죽어도 상관없습니다. 여러분, 저는 정의를 요구합니다. 정의를, 정의를!" 하는 말로 끝맺고 있다.[32]

탄원과 청원에 머물지 않고 세르베투스는 같은 날 칼뱅을 역고발하는 법정 전술을 들고 나왔다. 그의 고발에 따르면, 교리 문제는 범죄 고발의 대상이 아니라는 고대 교부들 이래의 통설을 배경으로, 칼뱅은 중대한 직권남용을 범했을 뿐 아니라 복음을 전하는 교역자

---

30 『原典宗教改革史』, 405~406쪽.

31 동태복수란 라틴어 "같은 형태로 돌려주다"는 뜻의 탈리오(talio)를 말하는데, 형벌은 범죄에 대한 보복이라는 생각에서 피해와 같은 만큼의 가해를 하는 처벌을 말한다. 함무라비 법전의 "눈에는 눈, 이에는 이"가 바로 동태복수의 전형적 예다. 동해보복(同害報復)으로 부르기도 한다.-옮긴이

32 『原典宗教改革史』, 406쪽.

감옥에 갇힌 세르베투스
(클로틸드 로흐Clotilde Roch, 19세기, 제네바)

의 직무를 위반했다고 주장했다.

그다음으로, 칼뱅은 근거도 없이 고발함으로써 허위를 진술하고, 더군다나 개인적인 중상으로 그리스도의 진리를 억압했기에 마술사 시몬처럼 칼뱅을 제네바에서 추방하고 그에게 재산을 몰수하여 자신에게 보상해주어야 한다고 주장했다. 이와 같은 세르베투스의 적극적 대응은, 감옥 밖의 반칼뱅파, 즉 '자유사상'을 가진 세력을 규합하려는 의도였다고 추론하는 학자들도 있지만, 사실 여부를 확실하게 말하기는 어렵다. 그렇지만 베르틀리에가 파문해제 청원을 제출한 날인 9월 1일과 시기적으로 거의 겹치는 것도 사실이다.[33]

판결문

고립무원, 단신으로 옥중투쟁을 이어가던 세르베투스에게 최후의 날이 왔다. 10월 27일, 제네바 법정은 세르베투스에게 다음과 같은 판결을 내렸다. 대략의 요지는 다음과 같다.[34]

> 스페인 아라곤 왕국 빌뇌브 출신의 미겔 세르베에 대하여
>
> 그대는 대략 스물서넛의 나이로 독일 하게나우에서 성삼위일체에 반대하는 책을 출판하여 이미 기소되었는데, 그 책은 성삼위일체에 반하는 여러 중대한 모독을 담고 있어서 독일 교회를 격분케 하였으며, 스스로 고백한 것처럼 독일의 학식 있는 복음의 교사들이 그 잘못된 학설에 대해 충고·징계를 하였으나 오히려 출판을 감행하였다.
>
> 그리고 또 그런 사실에도 불구하고 세르베는 그 오류를 계속해서 가능한 한 많은 이들에게 감염시키려고 하였다.

---

33 위의 책, 407~408쪽.

34 위의 책, 408~411쪽.

그리고 또 그는 그것에 만족하지 않고, 그 독액과 이단설을 더 널리 퍼뜨리기 위해 오랫동안 도피네(Dauphiné) 주 비엔에 숨어서 책을 인쇄하였는데, 그 책은 엄청난 이단설과 저주스러운 신성모독으로 가득 찬 것으로 성삼위일체, 성자, 유아세례, 그 밖의 많은 성구 및 그리스도교의 기초를 반대하고 있다.

그리고 또 자발적으로 고백한 것처럼 삼위일체를 믿는 자를 삼신론자 또는 무신론자로 부르고 있다.

그리고 또 삼위일체를 세 개의 머리를 가진 악마 또는 괴물로 부르고 있다.

그리고 또 그리스도교의 참된 믿음에 반대해 성자에게 불손한 모독을 저지르고, 예수 그리스도는 영원한 성자가 아니라 단지 육신 이후에 신의 아들이 되었다고 하였다. (중략)

그리고 또 악의에 가득 찬 세르베는 신과 거룩한 복음의 교리에 반대하기 위해 쓴 책에 "그리스도교 복원"이라는 제목을 붙여 무지한 이웃들을 더 쉽게 유혹하여 배신케 하였으며, 또한 그럴듯한 교설을 겉치레로 내세운 다음 그 책의 독자들에게 불길하고 사악한 독을 교묘하게 퍼뜨리고 감염시켰다.

그리고 또 그 책 외에도 편지로 우리의 신앙을 공격하고, 그 독을 감염시키려고 노력했다는 사실을 이미 자발적으로 고백하고 인정했듯이, 우리 시의 교역자 중 한 사람에게 편지를 써서 우리 거룩한 복음의 종교에 대해 엄청난 모독을 저질렀다. 특히 우리 복음은 신앙도 없고 신도 없으며, 신 대신 세 마리의 지옥 괴물이 있다고 하였다.

그리고 또 자발적으로 고백한 것처럼, 앞서 언급한 비엔에서 사악하고 저주스러운 책과 의견으로 인해 감옥에 갇혔지만 부도덕하게도 감옥을 부수고 도망쳤다.

그리고 또 세르베는 오만한 이단의 혁신가로서 로마가톨릭과 다른 교파의 교리도 표적으로 삼음으로써 비엔에서도 그의 초상화는 물론 다섯 꾸러미의 책도 함께 불태워졌다.

그리고 또 그럼에도 불구하고 이 도시의 감옥에 유치되어 있으면서 그 사악하고 폐기되어야 마땅한 오류를 악착같이 고집하면서 참된 그리스도인과 순결무구한 그리스도교의 충실한 모든 종에 반대하였다. 또한 부정과 중상으로 그와 같은 오류에 가득 찬 주장을 펴기 위해 노력하였으며, 그들을 삼신론자, 무신론자, 마법사 등으로 불렀다. 게다가 앞서 언급한 것처럼 이미 오래전에 독일에서 들었던 충고에도 불구하고 다른 지역과 이곳에서 이루어졌던 체포, 투옥, 징계를 경멸하며 지금까지도 그런 일들을 계속 벌여왔다. 그의 재판에 대해서는 좀 더 상세하고 길게 그 이유를 말해보자.

우리 시장 및 시의 형사재판 판사들은 너 스페인의 아라곤 왕국 빌뇌브 출신의 미겔 세르베에 대해 검사의 요청에 따라 당 법정의 재판을 심리하고, 그 심리와 함께 우리 앞에서 몇 차례나 되풀이한 너의 자발적 고백과 증거로 제출된 너의 책에서 이하와 같이 확인한다. 즉 너 세르베는 오랜 시간에 걸쳐 오류와 이단으로 가득 찬 교설을 주장하고, 모든 충고와 징계를 무시하였으며, 악의로 충만한 고집으로 인해 성부와 성자, 성령, 즉 그리스도교의 진리를 반대하는 책을 공공연하게 인쇄하여 집요하게 그 교설을 계속 퍼뜨렸다. 그로 인해 신의 교회 속에서 분열과 싸움을 만들어내려 하였고, 그것에 속는 사람의 영혼은 멸실되기에 이르렀다.

네가 신의 주권과 성삼위일체에 정면으로 반항한 것은 전율한 만큼 끔찍한 일이며, 또한 사람을 좌절하게 하는 유해한 것인 바이나 너는 그것을 부끄러워하거나 두려워하지 않았다. 또한 너는 너의 이단설과 악취 나는 이단의 독으로 집요하게 이 세상을 오염시키는 데 골몰하였다. 이는 대단히 불길한 이단의 죄이며, 중대한 육체적 처벌을 받아야 하는 죄에 해당한다.

이상의 이유와 더불어 그 밖의 이유에 따라 우리는 이런 오염으로부터 신의 교회를 순화하고, 거기에서 부패한 팔다리를 잘라내기를 바란다. 그래서 우리 시민들과 진지하게 숙의한 결과, 시 정부를 대신하여 당 법정이 올바른 판결을 할 수 있도록 신의 이름으로 호소하여, 신과 성서 앞에 서서 성부와 성자와 성령의 이름으로 여기에 문서를 통해 최종 판결을 내리도록 한다.

너 미겔 세르베를 단죄토록 하며, 너를 쇠사슬로 묶어서 샹펠 광장으로 끌고 가서 기둥에 묶은 다음, 네가 쓴 것과 출판한 책과 함께 네 몸이 재가 될 때까지 산 채로 불태우도록 한다. 너는 이러한 사건을 일으킨 자의 본보기로서 삶을 끝마치게 될 것이다.

그리고 검사에게 이 판결을 집행할 것을 명한다.

1553년 10월 27일 다로 시장이 낭독하였다.

자유로운 영혼의 최후

칼뱅의 기록에 따르면, 사형 판결을 받은 세르베투스는 잠시 절망 상태에 빠져 법정 안 모두에게 들릴 만큼 크게 한숨을 쉰 뒤, 모국어인 스페인어로 절규하듯 "자비를 자비를!" 하고 외쳤다고 한다.

칼뱅은 화형을 참수형으로 변경하도록 청원했지만 아무런 소용이 없었다. 처형은 즉각 집행되었다. 처형장으로의 동행을 거절한 칼뱅을 대신해 뇌샤텔에서 온 기욤 파렐이 처형을 지켜보게 되었다. 파렐은 처형장으로 가는 길에 세르베투스에게 이제 오류를 버리고 바른 길로 돌아올 것을 설득했다.

세르베투스는 "자신의 잘못과 무지와 죄를 용서해달라고 부탁했다. 그러나 결코 확실한 죄의 고백은 하지 않았다." 세르베투스는 파렐에게 빌듯이 자신을 위해 빌어달라고 거듭 간청했다. "그러나 우리는 그로 하여금 자신의 잘못을 인정하고 그리스도가 신의 영원한 아들이라는 것을 고백하게 하는 데는 성공하지 못했다." 신이 영원한 존재라는 것에 대해서는 의심의 여지가 없지만, 그 아들인 그리스도가 과연 성부와 완전히 동일한 영원한 존재인가 하는 것이 논쟁점이었다. 파렐이 세르베투스가 고백하도록 한 것은 영원한 신의 영원한 아들 그리스도였는데, 그는 "영원한 아들"이라는 고백을 끝까지 거부했다.

어떤 목격자는 그 최후의 모습을 다음과 같이 전하고 있다.

세르베투스는 생나무가 잔뜩 쌓여 있는 화형대 앞으로 끌려나왔다.

화형대의 세르베투스

머리에는 유황을 뿌린 짚으로 만든 관을 쓰고 있었다. 몸은 쇠사슬로 화형대에 묶여 있었고, 그의 무릎 밑에는 판결문대로 그가 쓴 책과 원고들이 쌓여 있었다. 머리는 굵은 줄로 네댓 겹으로 바짝 묶여 있어서 세르베투스는 더 이상 조여지지 않도록 해달라고 간청했다.

형리가 불을 붙인 횃불을 그의 눈앞에 들이밀자 예상치도 못한 세르베투스의 날카로운 비명이 터져 나왔다. 주변 사람들의 마음도 공포심에 얼어붙을 정도였다. 불길이 거세게 치솟았는데도 곧바로 숨이 끊어지지 않자 더 많은 장작을 끼얹었다. 유황 연기 속에서 고통에 몸부림치며 흐느끼던 세르베투스는 이렇게 절규하며 숨을 거두었다.

"오오, 예수여, 영원한 신의 아들이여. 저를 불쌍히 여기소서(Jesus filz de Dieu eternel, aye pitie de moy)"[35]

35 Castellion, *De l'Impunité des hérétiques* éd. M. Valkhoff(Genève, Droz, 1971) 280쪽.

TOLÉRANCE
CASTELLIO

TOLÉRANCE
CASTELLIO

3장

길고 먼 길

Sebastianus Castalio

광야에서 외치는 소리

『이단은 박해받아야 하는가』

샹펠 언덕 화형장의 재가 아직 식지 않은 이듬해 1554년 초, 한 권의 책이 출현했다. 편저자의 이름은 마르티누스 벨리우스(Martinus Bellius), 출판한 곳은 마그데부르크(Magdeburg), 제목은 『이단은 박해받아야 하는가(De haereticis, an sint persequendi)』였다.[1] 편저자의 이름이

---

1 *De haereticis, an sint persequendi et omnino quomodo sit cum eis agendum, Luteri & Brentii, aliorumque multorum fum veterum tum recentiorum sententiae.* 복각판 ed. Sape van der Woude(Genève : E. Droz, 1954) 카스텔리오 자신의 프랑스어 번역본은 *Traité des Hérétiques: à savoir, si on les doit persécuter, et comment on se doit conduire avec eux, selon l'avis, opinion, et sentence de plusieurs auteurs, tant anciens, que modernes* éd, A Olivet(Genéve: A Julien, 1913) 영어 번역본은 *Concerning heretics, : Whether they are to be persecuted and how they are to be treated; a collection of opinions of learned men both ancient and modern*, tr. Roland H. Bainton(New York: Columbia University Press, 1935, 1979) 일본어 번역은 『宗教改革著作集』 속에 일부 번역되어 있다.-원서 각주. 한국어 번역은 박건태 편역, 『종교개혁사상선집』 (서울: 개혁주의신행협회, 2001) 속에 일부 번역 수록되어 있다.-옮긴이

가명이라는 것은 분명했다. 마르스(Mars)는 로마 신화에서 싸움의 신으로, 거기에서 유래한 그리스도교의 마르티누스도 병사들의 수호성인이다. 그뿐만 아니라 벨리우스 또한 라틴어에서 전쟁을 의미하는 '벨룸(Bellum)'에서 파생된 말로, '싸우는 사람'을 뜻한다. 요컨대 타협의 여지없이 단호하게 선전포고를 했다는 것을 가명에서도 확실하게 알 수 있다. 이 편저자의 이름에서 그 시대에 신앙의 자유를 옹호하는 입장인 '벨리우스주의(Bellianism)'가 나왔다. 책의 출간으로부터 머지않은 시점이었다.

다소간 의혹이 없었던 것은 아니지만 동시대인들은 이 익명의 편저자가 사실은 카스텔리오이며, 출판 장소도 바젤이라는 것을 알게 되었다. 오늘날 남아 있는 카스텔리오의 자필 원고와 그가 인용한 다른 저술가-즉 게오르기우스 클라인베르크(Kleinberg)나 바지리우스 몬티포르티우스(Montifortius) 같은 정체불명의 집필자를 포함해서-등 모든 것이 카스텔리오의 문장이라는 것이 명백했다.

카스텔리오는 이 책을 대단히 정교하게 편집했다. 우선 전체 책의 머리말 형태로 뷔르템베르크의 대공 크리스토프(Christoph von W rttemberg, 1515~1568)에게 바치는 장문의 헌정사를 배치했다. 그리고 자신이 직접 전문을 프랑스어로 번역했을 때에는 헤센의 제후 빌헬름에게 보내는 헌정사를 추가로 붙였다. 이 모두 카스텔리오의 종교관용론에 대한 근본을 명확하게 보여주는 문장으로, 책의 본문에서 상세하게 소개하는 내용과 그 성격이 다르지 않다.

카스텔리오는 책의 본문을, 종교개혁가 루터, 뷔르템베르크의

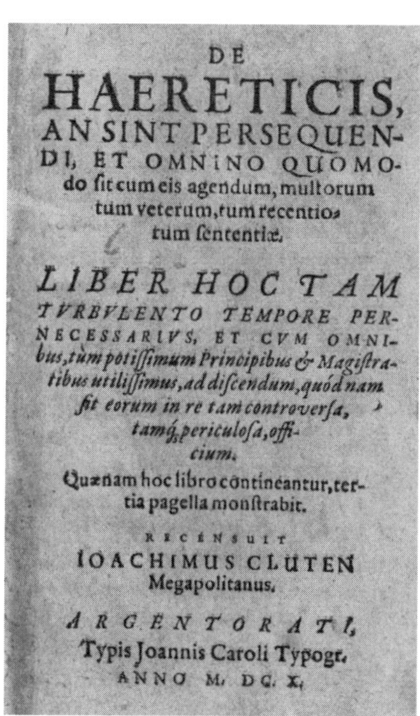
DE
HAERETICIS,
AN SINT PERSEQUEN-
DI, ET OMNINO QUOMO-
do ſit cum eis agendum, multorum
tum veterum, tum recentio-
rum ſententiæ.

LIBER HOC TAM
TVRBVLENTO TEMPORE PER-
NECESSARIVS, ET CVM OMNI-
bus, tùm potiſſimum Principibus & Magiſtra-
tibus utiliſſimus, ad diſcendum, quódnam
ſit eorum in re tam controverſa,
tamq; periculoſa, offi-
cium.

Quænam hoc libro contineantur, ter-
tia pagella monſtrabit.

RECENSUIT
IOACHIMUS CLUTEN
Megapolitanus.

ARGENTORATI,
Typis Joannis Caroli Typogr.
ANNO M. DC. X.

『이단은 박해받아야 하는가』(1554)

개혁가 요한 브렌츠(Johann Brenz, 1499~1570)[2], 인문주의자 에라스뮈스, 16세기의 특이한 사상가 세바스티앙 프랑크(Sebastian Franck, 1499~1543), 프랑크푸르트의 개혁가 요한 아그리콜라(Johann Agricola, 1494~1566), 인문주의자 콘라트 펠리칸(Konrad Pellikan, 1478~1556), 스트라스부르의 개혁가 카스파르 헤디오(Caspar Hedio, 1494~1552), 칼뱅, 이탈리아의 자유사상가 세리오 크리오네(?~1569) 같은 동시대인은 물론 신구약성서의 본문, 그리고 락탄티우스(Lucius Caecilius Firmianus Lactantius, 250?~325?)와 아우구스티누스 같은 그리스도교의 고대 저술

---

2 요한 브렌츠에 관해서는 이 책의 3장 '카스텔리오와 브렌츠'를 참조.-옮긴이

가 등으로부터도 신앙의 자유와 종교적 관용에 관련된 문장을 때로는 전문 인용에 가깝게, 또는 부분 발췌의 형태로 편집했다. 루터와 칼뱅을 비롯해 자신의 문장이 카스텔리오의 저작 속에 인용되었다는 사실 자체에 꽤나 곤혹감을 느끼는 사람도 적지 않았을 것이다.

『이단은 박해받아야 하는가』로 촉발된 카스텔리오와 칼뱅, 그리고 제네바에서 한때 동료였던 테오도르 드 베즈(Théodore de Bèze, 1519~1605)와 사이에서 벌어진 일련의 논쟁은, 근대 사회에서 "사상의 자유, 신념의 자유, 신앙의 자유"라는 이념의 발생과 성장의 위대한 금자탑이라고 부를 수 있다. 이제 카스텔리오의 이야기를 좀 더 자세히 들어보자.

헌정사

카스텔리오는 뷔르템베르크의 대공 크리스토프 앞으로 쓴 헌정사를 다음과 같은 이야기로 시작한다.

> 위대하신 대공 폐하
>
> 만약 전하께서 가신들을 향해 "언제든 내가 잠시 어딘가에 나갔다가 돌아올 때 너희들은 하시라도 내 앞에 나올 수 있도록 흰옷을 입고 몸을 가지런히 하도록 하라"고 명을 내리셨습니다. 그런데 가신들이 흰옷에는 조금도 관심을 두지 않고, 단지 전하가 어떤 분인지에 대해

서만 이러쿵저러쿵 이야기한다면 전하는 어떻게 하시겠습니까?[3]

가신 중 어떤 자는 주인의 행선지에 대해, 어떤 자는 주인의 여행 방법에 대해, 또 어떤 자는 종자들의 수에 대해서만 계속 이야기할 뿐 정작 중요한 "흰옷", 즉 바르고 청렴한 생활방식에는 무관심하다면 어떻게 할 것인가, 하고 카스텔리오는 묻는다. 게다가 가신들이 단지 입으로만 싸우는 것에 그치지 않고 급기야는 "몽둥이와 칼을 가지고 자신과 생각이 다른 자들에게 상처를 입히고 심지어는 죽이는 데까지 이른다면 어떻게 할 것인가."

어떤 자는 "주인께서는 말을 타고 오실 것이야"라고 하고, 어떤 자는 "아니야, 마차야"라고 합니다. 그러다 "이 거짓말쟁이", "너야말로" 하며 싸우다가 한쪽이 주먹으로 치자 상대도 "너도 받아라" 하고 칼로 찌릅니다. 이렇게 된다면 전하께서는 이런 가신들을 그대로 내버려두시겠습니까?[4]

그리고 가신 중 몇몇만 주인이 명한 대로 흰옷으로 몸을 가지런히 했는데, 다른 자들이 그들을 괴롭히고 결국에는 죽이는 데까지 이른다면 주인은 이 같은 악행을 벌하지 않고 내버려두어야 하는가. 더군다나 이 같은 악행을 주인의 명령에 따른 것이라고-사실 주인

---

3 *De haereticis*, 3쪽.

4 위의 책 3쪽.

은 이것을 엄격하게 금지하고 있다—마구 퍼뜨린다면 더더욱 엄벌에 처해야 하지 않을까.

성서, 특히 복음서의 내용에 익숙한 사람이라면 누구나 이 우화가 마태복음 24장과 25장 등에 나오는 그리스도의 재림과 심판("최후의 심판")에 대한 믿음을 이야기하고 있다는 것을 깨닫게 될 것이다.

> 이 세상의 주이신 그리스도께서는 지상을 떠나실 때 언젠가 이 세상에 다시 돌아오실 것이라고 사람들에게 말씀하셨습니다. 그래서 재림의 날이 올 때를 대비하여 흰옷을 준비하라고 명령하셨습니다. 즉 깊은 신앙과, 서로 싸우지 않고 평화롭게 살며, 이웃을 사랑하라고 명령하신 것입니다. 그러나 오늘날 우리가 그 의무를 얼마나 충실하게 지키고 있는지 생각해봐야 할 것입니다.[5]

재림의 그날까지

카스텔리오는 오늘날 그리스도교 세계는 "어떻게 하면 생활을 개선, 즉 삶의 방식을 올바르게 바꿀 수 있을지 따지지 않고 그리스도의 신원이나 직무에 대해, 그리고 그리스도는 지금 어디에 계시며, 무엇을 하며, 어떻게 해서 성부 오른편에 앉으셨는지, 어떻게 해서 성부와 하나인가를 둘러싸고 논쟁을 벌이고 있습니다. 마찬가지로 삼위

---

5 위의 책 4쪽.

일체, 예정, 자유의지, 신, 천사, 사후 영혼의 상태 같은 여러 사항을 두고서도 논쟁을 벌이고 있습니다"[6]라고 말한다.

지금부터 우리는 여러 차례 이런 리스트, 즉 "신앙으로 구원에 이르려면 반드시 알아야 하는 사항들"의 목록을 보게 될 것이다. 때로는 몇 가지씩 다른 것들이 섞이겠지만, 신앙과 구원의 "본질적이거나 필수적인 것"과 "그렇지 않은 것"은 엄격하게 구별되는데, 후자의 폭을 좀 더 더 넓히려는 것이 카스텔리오의 끊임없는 싸움의 목표였다.

카스텔리오에 따르면, "신앙으로 구원에 이르려면 반드시 알아야 하는 사항들"이 사실은 신앙에 의한 구원에 필수적인 것이 아니라는 증거는 이미 성서 속에 가득 들어 있다는 것이다. "세리와 죄인은 그런 것들을 하나도 몰랐지만 구원을 받았다"는 성서의 말씀이 이를 증명한다. 이렇게 말하면, 예배를 위해 예루살렘 성전에 온 바리새인과 세리 중 신 앞에서 의로운 사람이 되어 집으로 돌아간 것은 성서에 밝았을 뿐 아니라 그 계명을 빠뜨리지 않고 지키는 것이 삶의 보람이었던 바리새인이 아니라 누구나 "죄인"으로 여겼던 세리였다.(누가 18:9~14) 왜냐하면, 세리는 스스로를 죄가 있는 사람이라고 고백한 "가난한 마음"을 가지고 있었기 때문이다. "마음이 가난한 자는 복이 있다"고 한 '산상수훈'(마태 5:8)에 나오는 그대로이다. 인간을 의(義)로써 구원에 이르게 하는 것은 가난한 마음이며, 앞서 이야기했던 "반드시 알아야 할 사항"에 대한 지식이 아닌 것이다. 그러

---

6 위의 책 5쪽.

한 지식이 "인간을 더욱 훌륭하게 해주는 것은 아니기"[7] 때문이다.

그런데 인간의 무거운 죄는 그 자체로 이미 전도되어 있는 호기심이 거만함으로, 예컨대 모든 것을 아는 것처럼 잘난 체하고, 더 나아가서는 잔인하게 만든다. "누군가 자신과 조금만 다른 생각을 가지면 그것을 견디지 못하고 결국에는 자신과 다른 모든 것을 단죄하고, 자기 혼자 지배"하려 하기 때문이다. 바로 거기에서 생겨난 것이 추방, 봉쇄, 화형, 십자가형 같은 무수히 많은 형벌들이다.

가장 나쁜 것은 이 모든 것을 그리스도의 이름 아래 숨기면서 자신들은 그리스도를 따른다고 공언하기를 주저하지 않는 것이다. 그 악랄함은 "사탄이라 할지라도 그 이상으로 그리스도의 본성과 그 의지를 배반하고, 또 그 이상으로 혐오스러운 것을 생각해낼 수 없을 정도입니다."[8]

중간시기-그리스도의 부활과 재림 사이에서

이상과 같은 발언의 기저에 있는 것은 어떤 사상의 계보에서 나온 것일까. 우선 말할 수 있는 것은 "중간시기의 논리와 윤리"다. 즉 우리가 현재 살아가고 있는 이 시간을 그리스도의 죽음 및 부활과 재림 및 최후의 심판 사이의 시간, '중간시기'라고 한다면 그사이의 결

---

7 위의 책 5~6쪽.

8 위의 책 7쪽.

정적·궁극적 판단은 유보해야 한다는 사고방식이다.

그렇다고 해도 어떤 논제든 모두 판단을 하지 않는다는 것이 아니라 실제로는 일정한 판단은 내리는데, 그 기준이 되는 것은 누가 보더라도 명확한 생활 자체다. 좀 더 분명하게 말하면 가르침보다는 생활, 교리보다는 윤리라는 입장이다. 건전한 교리는 청렴한 생활을 낳을 것이기에 생활의 청렴함에서만 그 근본인 교리의 건전함을 증명할 수 있는 것이다.

사실 이 같은 사고방식은 전적으로 카스텔리오에게 기원을 두고 있는 것은 아니다. 이미 중세 후기에 등장하여 "새로운 경건"으로 불렀던 운동의 특징적 사고이기도 했다. 그에 관한 가장 현저한 예가 고금을 통해 그리스도교 고전의 하나가 된 『그리스도를 본받아(De Imitatione Christi)』[9] 이다. 이 책의 저자는 토마스 아 켐피스(Thomas Kempis, 1380~1471)로 알려져 있지만, 근년에는 게라드 그루테(Gerard Groote, 1340~1384)의 영향을 중시하는 것이 일반적이다.

저자가 누구이든 간에 이 책에서 일관되게 이야기하는 것은 "행동이 믿음의 시금석"이라는 사고방식이다. 예를 들면, 이 책에서 가장 널리 알려져 있는 제1장 3항에서 저자는, "삼위일체론에 대해 고원(高遠)한 논의"보다는 삼위일체의 신을 찬미하고 예배를 드리는 쪽

---

9 그리스도교, 특히 로마가톨릭의 대표적 신앙서적으로, 대표적 '경건문서'이다. 이설이 있긴 하지만 독일의 수도자이자 신비사상가였던 토머스 아 켐피스(Thomas Kempis, 1380~1471)가 쓴 책으로 알려져 있다. 이 책은 수도자의 정신생활의 완성을 목적으로 하고 있으며, 인간의 내적 생활에 대한 깊은 교훈을 담고 있다. 그리스도교의 일상생활은 그리스도를 본받아 그리스도의 정신을 인간 생활 속에 구현시키는 것이 이상(理想)임을 가르치고 있다.-옮긴이

IESVS CHRIST enseignant les troupes qui le suiuent

L'IMITATION DE IESVS-CHRIST.

LIVRE PREMIER.

CHAPITRE I.

De l'Imitation de Iesus-Christ, & du mépris de toutes les vanitez du Monde.

HEVREVX qui tient la route où ma voix le conuie,
Les tenebres iamais n'approchent qui me suit,
Et par tout sur mes pas il trouue vn iour sans nuit,
Qui porte iusqu'au cœur la lumiere de vie.
Ainsi Iesus-Christ parle, ainsi de ses vertus,
Dont brillent les sentiers qu'il a pour nous batus,
Les rayons tousiours vifs montrent comme il faut viure;
Et quiconque veut estre éclairé pleinement
Doit apprendre de luy, que ce n'est qu'à le suiure
Que le cœur s'affranchit de tout aueuglement.

『그리스도를 본받아』(1659)

이 훨씬 더 신을 기쁘게 할 것이라고 말한다. 이 최소한의 판단은 별도로 하더라도 그것을 넘어서는 것들에 대해서는 당장의 판단을 유보하고, 그리스도의 재림 때 있을 최후의 궁극적 판단까지 기다리는 자세가 중간시의 삶의 방식에 어울린다는 것이다.

때문에 "나는 성부와 그 아들인 예수 그리스도를 믿는다. 그래서 성서에 기록되어 있는 율법에 따라 살 것"이라는 고백만으로 충분하며, 그것을 넘어 성찬(미사) 때 빵과 포도주를 둘 다 받아 모시거나 혹은 빵만 받아 모시는 것에 대해서는 최종적인 판단을 유보하고, 각자 신앙적 양심에 맡겨두자는 것이다. 마찬가지로 세례를 할례처럼 신생아에게 받게 하는 것도 자신이 신앙의 도리를 알게 될 때까지 기다려야 하며, 성급하게 판단해서는 안 되며, 또 성인 세례를 고집하는 자들에게 죽음에 이르는 벌을 내려서도 안 된다는 것이다.

"그리스도의 생애와 그 본성을 염두에 둔다면 그렇게 해서는 안 된다고 저는 생각합니다"[10] 하고 카스텔리오는 주장했다. 그에게 신은 분노보다 사랑과 연민의 신이기 때문이다. "신을 믿고, 그 아들 예수 그리스도를 믿고, 그래서 자신의 양심에 따라 섬긴다"는 오직 그것만이 문제가 되는 것이다. 여기에는 카스텔리오 관용론의 또 하나의 기둥인 "신앙의 기본 또는 바탕"이라는 사고방식이 드러나 있다. 요컨대, 관용이란 "그리스도의 관용을 따라하는 것"과 다르지 않다. 즉 "그리스도를 본받는 것"이 관용인 것이다.

불관용의 위험

카스텔리오는 이 점에서 길을 벗어나거나 발을 헛디디면 몇 가지 중대한 위험 내지 실수가 발생한다고 지적한다. 첫 번째는 "사실 이단일지라도 특별히 문제가 되지 않는 사람을 이단이라고 판별할 위험으로, 그런 일은 오늘날에도 계속 일어나고 있습니다." 뒤에 언급하겠지만 카스텔리오는 이단 개념의 근본적인 재검토를 요구했다. 사실 예수 그리스도조차도 이단, 반역자라는 이유로 처형되지 않았던가.

---

10 *De haereticis*, 9쪽.

진짜 반역자와 그리스도를 분별하려면 대단히 신중해야 합니다. 만약 양자가 외견상 비슷하게 행동했다는 것만으로 문제를 삼는다면, 실제 내용을 올바르게 이해하지 못한 사람들에 의해 같은 죄명을 뒤집어쓰는 결과를 낳게 될 것입니다. 사실 그리스도는 강도들과 함께 십자가에 매달렸다는 것을 우리는 잘 알고 있지 않습니까.[11]

두 번째 위험은, 실제로 이단사상이나 신념을 가진 사람이라 할지라도 그들을 처벌할 때 그리스도교적 규범이 요구하는 이상으로 엄하게 처벌하는 데 따른 두려움이다.

내가 이 책에서 이단을 주제로 지금까지 발언해왔던 많은 사람의 의견을 모은 것도 그들의 주장을 주의 깊게 고찰함으로써 앞으로는 그렇게 잔혹하게 벌하지 않기를 바라기 때문이다. 나는 먼저 비교적 최근 사람들의 견해를 수집했다. 그들은 자신들의 글에서 옛사람들의 견해를 인용했는데, 그렇게 하면 옛사람과 지금 사람의 생각을 동시에 알 수 있기 때문이다. 또 지금 사람들 쪽이 좀 더 광범위하고 상세하게 (이단에 대한) 논의를 전개하고 있어서 우리 시대에 더 적절하다고 생각했다.

대체로 옛사람들은 주로 이교도에 대항하기 위해 글을 썼다. 그들이 그리스도를 따르는 한 박해받는 일도, 또 박해하는 일도 결코 일어나지 않았다. 그러나 점차 죄가 늘어나고, 또 이교도가 그리스도교인을

---

11 위의 책 13쪽.

박해하는 것을 멈추자 이번에는 그리스도인들이 그리스도인들을 향해 질문을 던지기 시작했다. 특히 어떤 사람이 진리를 고집할 때 그러했다. 만약 일상생활에서 아무런 비난을 받지 않을 때도 뭔가 교리상의 어려운 문제를 끄집어내어 중상하는 것도 흔한 일이었다.[12]

실제로 중세의 이단심문 기록을 읽어보면, 종교재판소의 심문관이 무학(無學)의 평신도를 향해 "마리아를 그리스도의 어머니로 인정하는가?" 하고 물으면, 신도는 당연히 "그렇다"고 대답했는데, 이 대답을 듣고 '이단'으로 낙인을 찍는 일이 흔했다. 앞장에서 언급한 삼위일체론 혹은 그리스도 양성론을 둘러싼 논쟁 과정에서 성모 마리아를 "신의 어머니"가 아닌 "그리스도의 어머니"라고 부르는 자는 그리스도 신성의 완전성을 부인하고, 나아가서는 삼위일체론을 부정하는 자, 즉 아리우스주의자, 네스토리우스주의자가 되었기 때문이다. 그러나 신학의 엄밀함과는 무관한 평신도가 이 같은 어려운 질문에 올바른 답변하기란 거의 불가능하다.

그런데 카스텔리오가 인용하고 있는 당대의 저작자 중에는 시간이 지난 뒤에, 또 다른 저작에서 기존의 글과는 다르게 쓰거나 다르게 행동하는 경우가 있었을지도 모른다. 그 경우에 카스텔리오는 자신이 인용한 최초의 견해를 저자들의 진의로 간주했다고 말한다.

그들이 (쓴 글들은) 고난에 빠져 있던 시기에 쓴 것이다. 인간은 그럴

---

12 위의 책 13~4쪽.

때 가장 진실에 가까운 것을 쓰기 때문이다. 적어도 그들이 최초에 쓴 글들이 그리스도의 깊은 자비와 더 합치되기 때문이다. … 사람이 처음 복음을 접하고 그리스도를 알게 되었을 때 종교에 대해 바른 생각을 가지고 또 바른 판단을 내리는 경우가 많다. 그들은 가난하고 고통스러웠기 때문이다. 고난과 빈곤이야말로 그리스도의 진리에 가장 어울린다. 그러나 점차 그들이 부유해지고, 권력을 손에 넣게 되면 점점 타락하기 시작하여, 마침내는 그리스도를 옹호한 자들도 오늘에는 마르스[13]를 변호하고, 참된 경건을 폭력사태로 바꾸어버리기에 이른다.[14]

이단 개념의 재검토

계속해서 카스텔리오는 이 편저를 뷔르템베르크의 대공 크리스토프에게 헌정한 이유를 몇 가지 열거하고 있다.

첫 번째는, 대공이 언제나 복음에 호의를 나타내고, 고난 중에도 그런 입장을 계속 견지했으며, 트리엔트에서 열린 가톨릭교회의 공의회에서도 독일 제후 중 오직 그만이 자신의 신앙고백을 송부해서 신앙의 증거를 분명하게 드러냈기 때문이다. 두 번째는, 유력한 영주인 대공이 그 영지를 정의롭고 공평하게 통치했을 뿐 아니라 인근

---

13 마르스(Mars)는 로마 신화에서 전쟁의 신이다. 원래는 로마의 풍요와 농경의 신이고, 가축, 경지의 경계의 보호자였으나, 로마제국이 확장해가면서 전쟁과 연관 지어졌다. 그리스 신화의 아레스와 동일시되었다.-옮긴이

14 *De haereticis*, 15~6쪽

여러 나라, 특히 프랑스 왕을 설득해서 관용을 권했기 때문이다. 대공은 분열로 고통받고 있던 그리스도교 세계에서 일치와 안정을 되찾는 것을 원했던 인물이었다.

그리고 마지막 이유는, 뒤에서 다시 언급하겠지만 대공을 섬겼던 신학자 요한 브렌츠가 재세례파에 대한 관용을 주장한 저술을 공표하자마자 "박해의 잔혹함은 어느덧 사라지고, 이제까지처럼 많은 사람이 박해를 받고 죽음에까지 이르는 일은 없어졌습니다. 이처럼 타락한 시대에도 건전한 판단력을 가진 한 사람의 힘은 그만큼 큰 것입니다" 하고 관용의 전범을 보여주었기 때문이다. 이렇게 해서 제후들의 눈이 새롭게 열리자 더 이상 인간의 피를 가벼이 여길 뿐 아니라 종교를 이유로 피 흘리는 일도 사라지게 되었다.

이렇게 쓰고 나서, 카스텔리오는 이단의 개념 자체에 대한 재검토를 시도한다. 애당초 카스텔리오 자신은 "다음의 문장에서 이단이란 무엇인가를 논하려 하지 않았다"고 이야기한다. 물론 이단이 무엇인지 분명하게 인식하는 것은 대단히 중요하지만, 카스텔리오가 책에서 의도했던 것은 "이단을 어떻게 다루어야 하는가" 하는 질문에 답하는 것이었다.

> 내가 이단이 무엇인지 계속 연구한 결과 알게 된 사실은, 우리가 이단이라고 간주한 것은 우리와 의견이 다른 사람들 '모두'라는 것입니다. 이는 오늘날 수없이 많은 분파 중에서 다른 쪽을 이단으로 간주하지 않는 사람이 거의 없다는 사실만 보더라도 명확하다 할 것입니다. 이 도시 혹은 지역에서는 진실한 신앙인으로 통하지만 다른 지역에서는

이단으로 간주되는 것이 바로 그런 연유입니다.

따라서 만약 누군가 지금 시대에 살아남기를 원한다면, 도시의 수나 분파의 수만큼 많은 신앙과 종교가 있어야 할 것입니다. 여러 나라를 여행하는 사람이 매번 통화를 바꾸어야 하는 것과 같은 이치입니다. 여기에서 통용되는 것 중에서 다른 곳에서도 쓸 수 있는 것은 단지 금화뿐입니다. 거기에 어떤 인각이 새겨져 있다 하더라도 금화는 어디에서든 통용되기 때문입니다. 그와 마찬가지로 우리도 종교적인 금화를 가지고 다니고 싶은 것입니다. 인각이 다를지라도 금화는 어디에서든 통용되는 것입니다.[15]

그렇다면 이 보편적 통용성을 가진 신앙의 내용은 어떤 것인가. 카스텔리오는 이렇게 답한다. "전능하신 성부, 성자, 그리고 성령을 믿는 것, 성서에 있는 참된 경건함의 가르침을 받아들이는 것, 그것이야말로 금보다도 더욱 정련된 훌륭한 것입니다." 그에 비하면 "성찬이나 세례, 그 밖의 교리상의 문제에 대한 의견이 갈리는 것은 금화에 여러 각인이나 그림이 새겨져 있는 것과 다르지 않습니다. 그렇기 때문에 우리가 서로 다른 사람을 용인하고, 다른 신앙을 곧바로 단죄하는 일은 삼가야 할 것입니다."[16]

---

15 위의 책 19~20쪽.

16 위의 책 20쪽.

성서에서 말하는 이단

그리스도교 신앙과 생활의 궁극적 규범인 성서에서는 이단을 어떻게 이야기하고 있을까. 성서에는 "이단"이라는 말이 단 한 차례 나온다. 사도 바울로가 사랑하는 제자 디도에게 보낸 편지, 즉 디도서에서 "그러나 어리석은 변론과 족보 이야기와 분쟁과 율법에 대한 다툼은 피하라. 이것은 무익한 것이요 헛된 것이니라. 이단에 속한 사람은 한두 번 훈계한 후에 멀리하라"(3:9~10)라고 말한다. 바로 이때 "이단"이라는 표현이 등장한다. 여기서 나오는 "이단에 속한 사람", 즉 이단자는 그리스어 hairetikon anthropon의 번역어다.[17]

바울로가 이렇게 말한 취지는 마태복음(18:15~17)에 나오는 내용과 동일하다. 마태복음에서는 "네 형제가 죄를 범하거든 가서 너와 그 사람과만 상대하여 권고하라. 만일 들으면 네가 네 형제를 얻은 것이요. 만일 듣지 않거든 한두 사람을 데리고 가서 두세 증인의 입으로 말마다 확증하게 하라. 만일 그들의 말도 듣지 않거든 교회에 말하고 교회의 말도 듣지 않거든 이방인과 세리와 같이 여기라. 진실로 너희에게 이르노니 무엇이든지 너희가 땅에서 매면 하늘에서도 매일 것이요 무엇이든지 땅에서 풀면 하늘에서도 풀리리라" 하고

---

17 NIV에서는 이 말을 "a divisive person"로, KJV에서는 "A man that is an heretick"으로, NASB에서는 "a factious man"로 번역했다. 일본의 구어역(口語譯)에서는 "이단자"로, 그리고 신공동역(新共同譯)에서는 "분열을 일으키는 사람"이라고 번역했다. 한국의 공동 번역성서에는 위와 같이 "이단자"로, 새번역성경에서는 "분파를 일으키는 사람", 개역개정과 개역한글에서는 "이단에 속한 사람", 현대인의성경에서는 "분열을 일삼는 사람"으로 번역했다.-옮긴이

말하고 있다.

여기에서 분명히 할 것은, "이단이란 여러 차례 경고를 받고도 듣고 따르지 않는, 융통성이 없고 고집이 셀뿐더러 사리에 어두운 자들에 다름 아니다"는 것이다. 그리스도는 이러한 자들, 즉 "그리스도를 받아들이지 않고 말씀에 귀를 기울이지 않는 자"에 대하여 "발의 티끌을 떨어버리라"[18]고 명할 뿐 육체적 처벌이나 징계를 내려야 한다는 말은 어디에서도 하고 있지 않다.[19]

카스텔리오는 "이단"도 두 종류가 있다고 한다. 첫 번째는 "행함에 있어서 어리석거나 삐뚤어지고 고집이 센 자"인데, 예를 들면 식탐이 있는 자, 다투기를 좋아하는 자, 방탕함에 빠진 자, 술주정뱅이 등이다. 이러한 자들에 대해 그리스도도 "보라 너희 집이 황폐하여 버려진 바 되리라"(마태 23:38) 하고 말한다. 그리고 두 번째는, "영적 문제나 교리 면에서 완고하고 어리석은 자"로서 "이단"이라는 호칭을 적용하기에 부족함이 없는 자들이다. 그러나 원래 그리스어 hairesis는 '분파' 혹은 '특정한 견해'라는 의미이다. 바로 여기에서 자신의 견해를 고집하는 자들에게 '이단'이라는 말이 사용되었다.

카스텔리오는 구약의 예언자 예레미야와 대립했던 거짓 예언자 하나니야의 이야기를 예로 든다. 거짓으로 사람들을 안심시켰던 하나니야에게 예레미야는 주의 말씀으로 연내에 죽을 것이라고 예언하

---

18 이는 마태복음 10장 14절의 말씀이다. "누구든지 너희를 영접하지도 아니하고 너희 말을 듣지도 아니하거든 그 집이나 성에서 나가 너희 발의 먼지를 떨어버리라."-옮긴이

19 *De haereticis*, 21쪽.

자 실제로 하나니야는 불과 몇 개월 후에 죽고 말았는데, 그것은 결코 위정자들의 칼에 죽은 것이 아니었다.[20] "이러한 실례에서 보더라도 그런 종류의 이단자를 어떻게 다루어야 하는지 우리는 쉽게 알 수 있습니다."[21]

자연법과 신법

그런데 교리에 대한 판단은 행위에 대한 판단만큼 쉽지 않다는 문제가 있다. 누군가 살인 같은 죄를 저질렀다면, 유대인이든 무슬림이든 그리스도인이든 그런 행위는 극형에 처해야 하는 악이라는 사실에 대해서만큼은 논쟁의 여지가 없다. 그런 종류의 악에 대한 지식은, "이 세상의 처음부터 모든 사람들의 마음속에 새겨져 있기 때문"이다. 사도 바울로가 "율법 없는 이방인이 본성으로 율법의 일을 행할 때에는 이 사람은 율법이 없어도 자기가 자기에게 율법이 되나니"(로마서 2:14)라고 한 것도 바로 이것을 가리킨다.

이러한 사고의 밑바탕에 그리스 로마 고전고대 이래로 오늘날까지 면면히 이어지고 있는 '자연법'이 있다는 것은 굳이 말할 필요도 없다. 스토아학파에 의해 확립된 '만민법' 사상은 로마법으로 결실을 맺었으며, 그런 과정을 거쳐 중세 그리스도교의 법사상에도 광범

---

20 구약 예레미야 28장에 나오는 이야기다.-옮긴이

21 *De haereticis*, 22쪽.

위하고 깊은 영향을 주었다. 특히 토마스 아퀴나스에게 자연법은 실정법의 비판원리였을 뿐만 아니라 자연에 있어서 신의 계시로서 영원적·보편적 타당성을 인정받고 있다. 여기에서 "은총은 자연을 파괴하지 않고 오히려 완성한다(Gratia non tollit naturam, sed perficit)"는 토마스 아퀴나스의 유명한 명제가 도출되었다.

앞서 언급한 것처럼 중세 말이 되면서 스콜라학은 토마스 아퀴나스의 신학을 고수하는 '구신학'(옛길, via antiqua)과 자연과 은총, 이성과 신앙, 철학과 신학의 연속성에 대해 비판적인 '신신학'(새길, via moderna)으로 분열 양상을 보이게 된다. 대략적으로 말하면, 구신학은 "이것도, 저것도"라는 통합·통일의 입장이며, 신신학은 "이것이냐, 저것이냐" 하는 선택과 결단을 추구하는 사고방식이다. 중세 말 유럽 각지에서 대학을 운영했던 스콜라학은 신구 양학파 어느 쪽이든 선택하게 했는데, 그에 따라 훈련을 받은 학생들도 젊은 날에 자신이 받았던 교육에 따라 연속성을 고수하는 쪽과 그것을 비판하는 쪽으로 자연스럽게 나뉘었다.

이 둘을 유형적으로 나누어서 기술하면, 젊은 루터가 공부했던 에르푸르트 대학은 신신학 계열이어서 "이것이냐, 저것이냐" 하는 사고방식이 훗날 루터에게도 영향을 주었다. "율법인가 복음인가" "행동인가 신앙인가" "외적인가 내적인가" 하는 양자택일의 발상과 달리 구신학이 주류였던 빈과 바젤의 대학에서 젊은 날을 보냈던 츠빙글리는 평생 "신앙과 이성" "교회와 국가" "종교와 정치" 등 얼핏 보면 상반되는 것처럼 생각되는 두 항목의 조화와 협력에 역점을 두었다. 따라서 바젤 대학에 재적했던 카스텔리오가 자연과 은총, 자연

츠빙글리(한스 애스퍼Hans Asper, 1531, 빈터투어 미술관)

법과 신법(神法)의 연속성에 자연스럽게 경도되었을 것으로 추정해볼 수 있다.

예를 들면, 과거 많은 신을 신봉했던 고대의 이교도들은 논외로 하더라도, 오늘날에는 그리스도인이든 유대인이든 무슬림이든 모두 유일신의 존재를 받아들이며 그것을 부인하는 자는 "불신자, 무신론자로서 모든 사람이 싫어하는 것은 당연합니다. … 여기까지는 세 종교의 신자들도 신앙적으로는 일치합니다."[22] 그러나 그것을 넘어 그리스도를 어떻게 볼 것인가 하는 점에서 세 종교는 큰 차이를 보인다.

> 그리스도교인 사이에서조차도 그리스도의 가르침을 둘러싸고 의견이 일치되지 않아서 서로를 단죄하는 것은 자신과 다른 이들을 이단으로 간주하기 때문입니다. 오늘날 터무니없는 논쟁이 일어나고 있는 것은, 세례, 성찬, 성도기원, 의인(義認)[23], 자유의지 같은 애매한 문제들 때문입니다. 그 결과 가톨릭, 루터파, 츠빙글리파, 재세례파, 그 밖의 다른 사람들이 서로를 단죄하고, 또 무슬림이 그리스도인을 박해하는 것보다 더 잔혹하게 박해하고 있습니다. 이 같은 분열이 일어나는 유일한 이유는 진리를 알지 못하기 때문입니다. 만약 이런 문제들이 유일신의 존재처럼 명백하다면, 모든 민족은 신은 오직 한 분이라고 고백하는 것과 마찬가지로 모든 그리스도인도 서로 일치할 수 있을 것입니다.[24]

---

22 *De haereticis*, 23쪽.

23 의인(義認)은 신께서 인간을 의로운 존재로 인정한다는 의미로, 구원론의 핵심 개념이다. 로마서 3장 26절의 "… 또한 예수 믿는 자를 의롭다 하려 하심이라"는 말과, 4장의 3~9절 등에 근거하여 루터가 주창한 교설이다. "의롭다"라는 그리스어 dikaiōsis는 두 가지로 해석할 수 있는데, 하나는 실제로 의롭지 않은 인간을 신이 의롭다고 인정한다는 의인(義認)이요, 또 하나는 신이 인간을 현실적으로 의롭게 만들어나간다는 성의(成義)이다. 개신교, 특히 루터파는 앞의 해석을 강하게 주창한 데 반하여, 가톨릭에서는 뒤의 해석에 따른다.-옮긴이

24 *De haereticis*, 24쪽.

실천적 관용을 권함

그렇기 때문에 어떤 사안에 모두 동의하는 것은 불가능하더라도 서로 인내하며 사랑으로 감싸 안아야 한다. "그리스도의 이름을 고백하는 자들이 (의견이 다른) 그리스도교인에게 불과 물과 칼로 단죄를 당해 강도나 살인범 이상으로 잔인하게 취급되는 것을 본다면 그리스도교인이 되기 원하는 사람이 과연 나타날 수 있겠는가." 만약 그렇게 한다면 그리스도는 몰레크(Molech)와 도대체 뭐가 다른가.

> 아직까지도 싸움이 그치지 않은 논점을 놓고 권력을 가진 자들과 생각이 다르다는 이유로 마치 그리스도가 그렇게 명령이나 한 것처럼 '팔라리스의 황소(Perillos of the Brazen Bull)'로 불태우는 것보다 더 잔혹하게 산 채로 불태워 죽인다면-게다가 화염 속에서 소리 높여 그리스도에게 간구하며 그리스도를 믿는다고 절규하는데도 불구하고-그리스도를 섬기려는 자가 나타날 리가 있겠는가.[25]

여기에서 인용한 팔라리스란 놋쇠 황소상을 주조해서 그 속에 반대자를 집어넣고 태워 죽였다고 전해지는 기원전 6세기의 시칠리아 폭군으로, 에라스뮈스도 『격언집(Collectanea Adogiorum)』에서 언급한 바 있다. 그리고 몰레크는 구약성서에서 어린아이를 인신공양으로 요구했던 셈족의 악마신을 말한다.

---

25 위의 책 26~7쪽.

팔라리스의 황소

마지막으로 카스텔리오는 크리스토프 대공에게 바친 헌정사를 다음과 같은 비통한 기도와 호소로 끝맺고 있다.

이 세상의 창조자이자 지배자인 신이시여, 당신은 이러한 일들을 보고 계시지 않습니까. 그럼에도 당신은 온전히 본성이 바뀌어 이렇게까지 잔인하게 되었고, 당신 자신의 본성에 반하는 자들처럼 되지 않았나이까.

지상에 오셨을 때 당신(그리스도)은 누구보다도 온화하고 누구보다도 자애롭고 누구보다도 고난에 인내하셨습니다. 털을 깎는 자 앞에 서 있는 양처럼 입을 열지 않으셨습니다. 채찍을 맞고 침 뱉음을 당하고 조롱당하고 가시관을 쓰고 강도와 함께 십자가에 매달리셨음에도 당신은 악을 행한 자들을 위해 기도를 바치셨습니다. 그런데도 당신은 이렇게까지 변하셨습니까.
성부의 이름으로 묻습니다. 당신은 지금 당신의 말씀을 이해하지 못하는 자들을 물에 빠뜨리고, 내장까지 갈기갈기 찢을 만큼 채찍으로 내리치고, 칼로 사지를 조각조각 내고, 천천히 타는 불에 태워 죽이는 등 갖은 방법으로, 게다가 가능한 한 오랜 고통을 주라고 명하셨습니까? 아, 그리스도여, 당신은 이런 일들을 명하셔서 좋으셨습니까? 이처럼 사람의 목숨을 희생시켜 당신께 바치는 자들이, 그래도 당신의 대리인입니까? 그들이 당신의 이름을 사용할 때 당신은 어디에 계시며 인육을 드셨나이까.[26]

헌정사의 마지막 문장은 이렇게 끝난다.

그렇다면 다른 사람의 의견에도 귀를 기울이도록 해야 할 것입니다. 그러나 이 사람들은 이미 누가 진짜 이단인지 확실하게 아는 것처럼 말한다는 사실을 알게 될 것입니다.

---

26 위의 책 27~8쪽.

제후의 임무와 종교의 근본교리

카스텔리오는 라틴어판을 출판하고 나서 곧바로 자신이 프랑스어로 번역하여 간행했다. 프랑스어판은 헤센의 제후 빌헬름에게 헌정되었다. 빌헬름이 프랑스어 독서를 좋아한다고 들었기 때문이지만, 실제로는 세속의 권력자인 제후는 자신의 임무뿐 아니라 이단에 대한 최소한의 이해가 있어야 한다는 뜻을 카스텔리오는 명확히 하였다. 다소 중복될지도 모르지만, 그 내용은 다음과 같다.

> 마음속의 죄, 예를 들면 불신, 이단, 질투, 증오 등의 경우는 영혼의 칼, 즉 신의 말씀으로 처벌받을 것입니다. 만약 누군가 종교로 치장하여 한 나라의 평화를 해치려 할 경우 위정자는 종교를 이유로 내세우지 않고 다른 범죄자와 마찬가지로 인신과 재물에 대한 침해죄로 징벌해야 합니다.
>
> 그러나 만약 누군가 교회에서 생활이나 교리상의 잘못을 저지르고, 또 훈계도 받아들이지 않으면 교회는 영적인 칼, 즉 파문을 적용해야 합니다. 그리고 파문을 당해도 그들이 잘못에 빠져 있으면서 공공의 안녕을 해치는 지경에 이르면 그리스도교 위정당국자는 더 이상 이단과 신성모독으로 미혹에 이르지 않도록 배려해야 합니다. 그러한 것들은 단적으로 신의 말씀에 반하기 때문입니다. 즉 이 세상이 창조되었다는 것, 영혼이 죽지 않는다는 것, 부활한다는 것, 그리고 위정당국자의 직무를 부인하는 것이 바로 거기에 해당합니다.
>
> 만약 그들이 제후나 위정당국자에게 순종하지 않는다면 당연히 처벌

을 받아야 할 테지만, 사형에 처해서는 안 됩니다. 특히 모든 선의 원천이신 참된 신을 받아들였음에도 단지 성서 몇 군데에서 자기 해석만을 고집하는 경우에는 벌을 받아야 할 것입니다.

선량한 위정당국자는 그들을 벌금형이나 그와 비슷한 형에 처하는 것만으로 충분합니다. 만약 그래도 뉘우치지 않으면 나라 밖으로 추방해야 합니다. 그것이 최고형입니다. 만약 그들이 다시 돌아온다면 그때는 투옥시켜도 좋을 것입니다.[27]

초기교회 시대의 황제들이나 위정당국자가 이단에 대처했던 방책도 카스텔리오가 위에서 말한 것과 크게 다르지 않았다. 따라서 오늘날의 위정당국자들도 아우구스티누스, 크리소스토무스(Chrysostomus, 349?~407), 히에로니무스(Hieronymus, 348~420)를 비롯하여 오로지 성서만을 따랐던 교회 교부들에게서 모범을 찾아야 할 것이다.

제후가 무엇보다 유의해야 할 것은 "1백, 아니 1천 명의 이단을 빠뜨린다 할지라도 단 한 사람의 올바른 인간을 이단이라는 이유로 죽여서는 안 된다는 것입니다."[28] 그 이유는 다음과 같기 때문이다.

신앙이든 종교의 문제는 의식이나 그 밖의 것이 어떠하든 뭔가 의심스러운 애매한 교리-성찬례에서 그리스도의 몸과 피를 받아 모시는

---

27 *Traité des hérétiques* 4~5쪽.

28 *Traité des hérétiques* 7쪽.

방법에 대해, 또 유아에게도 세례를 주어야 하는지 아니면 그들이 성장해서 자신의 도리를 알 때까지 기다려야 하는지 같은-에 본질이 있는 것이 아닙니다. 종교의 본질은 인간의 이해를 초월하는 것으로, 성서 속에서도 논쟁의 여지가 없을 만큼 명확하게 나와 있지 않은 사항들, 예를 들면 성부와 성자와 성령의 세 위격을 어떻게 이해해야 하는지에 있지 않습니다.

우리로서는 세 위격 중에 하나의 실체가 있다고 믿으면 그것으로 충분한데, 하나가 다른 것들과 어떤 관계가 있는가 하는 등의 문제로 마음이 괴로워야 할 필요는 없습니다. 우선 그리스도의 몸은 하늘에 계시는지, 또 신은 어떤 자를 멸하고 어떤 자는 구원으로 이끄는지, 창조된 것인지 아닌지, 그리스도는 어떻게 지옥강하를 한 것인지 따위는 고뇌할 필요가 없습니다. 그런 점에 대해서는 각자 자신의 생각과 구세주의 계시에 맡기면 될 것입니다.[29]

이렇게 쓰고 나서 카스텔리오는 "참된 종교의 근본교리"를 다음과 같이 이야기하고 있다.

신은 모든 선함의 원천이라는 것, 인간은 최초의 인간 아담의 불순종으로 죄를 짓게 되었고, 그다음 두 번째 인간, 즉 구세주 예수 그리스도의 순종으로 구원을 받게 되었다는 것, 그러기 위해서는 신에 대한 경외심을 갖고 과거의 사악한 삶의 방식을 뉘우치고 두 번 다시 그런

---

29 위의 책 8쪽.

삶으로 돌아가지 않겠다고 결심하는 것, 굳건한 신앙으로 예수 그리스도의 죽음과 부활에 자기 자신을 합치시키는 것입니다.[30]

여기에서 '근본주의'가 용어 본래의 의미로 사용되는 것을 볼 수 있다. 즉 신앙의 근본은 몇 가지 기본적 사항을 고백하는 것으로 충분하며, 그 외에는 각자의 양심에 따라야 한다는 입장이다. 근본교리에 관한 이러한 인식이 조금 거슬러 올라가면 에라스뮈스의 생각과 다르지 않다는 것을 알 수 있다.

이어서 카스텔리오는 자신의 주장을 뒷받침하는 고금의 여러 주장과 가르침을 계속해서 인용하고 있다. 그 모두를 소개하는 것은 불필요하지만, 카스텔리오가 인용한 내용의 정확성을 예증하기 위해 원저자의 문장과 카스텔리오의 인용을 대비해보도록 하자.

30 위의 책 8~9쪽.

카스텔리오와 브렌츠

요한 브렌츠

지금까지 본 것처럼 카스텔리오의 이단론은 성서를 비롯한 고대교회의 교부들, 동시대의 이른바 '관헌적' 종교개혁가(혹은 '체제적' 종교개혁가)들, 카스텔리오 자신의 저작과 가명으로 밝힌 견해 등 그 내용과 본문이 꽤나 다양하다. 그 인용 방법도 항상 일관되지 않을뿐더러 때로는 다소 자의적으로 짤막하게 발췌한 곳도 있다. 그중에서도 카스텔리오 자신의 글에서 인용한 것을 제외하면, 유일하게 생략이나 요약을 거의 하지 않고 전문에 가까운 형태로 인용한 글이 있다. 바로 뷔르템베르크의 종교개혁가 요한 브렌츠의 『세속의 권력은 재세례파를 불과 칼로 사형에 처할 정당한 권한을 가지고 있는가』(1528)이다.[31]

---

31 Hrsg, Martin Brecht(T bingen : J. C, B. Mohr, 1974), 472~498쪽.

하이델베르크에서 요한 브렌츠와 루터
(G. 바우만Gemaelde von Baumann, 1854)

다행스럽게 현재 간행되어 있는 『브렌츠 저작집』의 비판교정판에 이 글이 수록되어 있어서 카스텔리오의 인용과 대비해볼 수 있게 되었다. 그런데 이 둘을 대비해보면, 카스텔리오의 인용이 대단히 정확할뿐더러 독일어를 라틴어와 프랑스어로 옮길 때 생길 수 있는 사소한 번역상의 문제를 제외하면 원문과 인용문의 차이는 거의 없다.

요한 브렌츠는 신성로마제국 직속 자유도시 바일(Weil)에서 태어나 1514년 하이델베르크 대학에 진학했다. 1518년 같은 지역의 아우구스티누스 수도원에서 열린 루터와 가톨릭 간의 공개토론에 참석했다가 개신교의 주장에 큰 감명을 받고 루터파에 투신하기로 결심했다. 대학 졸업 후 1522년 9월부터 슈베비슈 할(Schw bisch Hall)의 성 미카엘 교회의 설교자가 되었으나 1548년 8월에 아우구스브르크 가

신조협정(假信條協定, Augsburg Interim)[32]에 따라 가톨릭 지역에서 쫓겨나기 전까지 넓은 슈바벤(Schwaben) 지방의 종교개혁에 많은 노력을 기울였다. 당시 그는 루터파 교회의 대표적 신학자로서 츠빙글리 진영과의 마르부르크 회담(1529)[33]과 아우구스부르크 제국회의(1530)에도 참가했다.

1536년에는 뷔르템베르크의 울리히 공작(Duke Ulrich, 1487~1550)의 초청으로 그 지역의 교회개혁을 이끌었으며, 튀빙겐 대학의 개혁에도 힘을 보탰다. 슈베비슈 할에서 쫓겨난 이후에도 울리히의 후계자 크리스토프의 비호로 계속 같은 지역에서 교회제도를 정비하는 데 힘을 쏟았다. 신학자로서는 기본적으로 루터파의 입장에 서 있었지만 동시에 루터파 내부의 논쟁을 조정하고, 개신교 진영의 상호 이

---

32 16세기 초부터 독일에서 종교개혁의 움직임이 커지자 가톨릭을 신봉하는 신성로마제국 황제 카를 5세와 개신교를 받아들인 제후들 사이의 대립이 심화되었다. 카를 5세는 개신교 제후동맹을 슈말칼덴 전쟁에서 격파했지만, 황제의 전제적 지배를 우려하는 주변 제국의 우려로 개신교와의 타협을 강요받았다. 여기에는 종교적 통일을 노린 카를 5세의 의도도 깔려 있었다. 그 결과 1548년 5월 아우구스부르크 제국의회에서 가신조협정이 이루어졌다. 내용은 다분히 가톨릭 쪽에 유리한 것으로, 성직자의 결혼을 비롯한 몇 가지는 개신교의 요구를 받아들였지만, 신앙 내용과 예배는 가톨릭의 요구가 관철되었다. 그렇지만 이 협정에 불만을 가진 개신교 쪽의 반대로 결국 1555년 아우구스부르크 종교화의가 조인되는 결과로 이어졌다.-옮긴이

33 독일의 루터파와 스위스의 개혁파 두 교회가 황제 카를 5세의 압력에 대항하는 군사동맹을 지향해서, 신학적 조정을 도모하기 위해서 헤센 방백 필립의 중개로 연 종교토론. 루터, 멜란히톤, 츠빙글리, 부처 등 종교개혁의 주요 지도자가 참가했다. 개신교의 15개의 주요 조항에 합의했지만, 성찬에서 그리스도 몸의 임재 양식을 둘러싸고는 실재설을 주장하는 루터와 상징설에 기우는 츠빙글리의 사이에서 결국 의견의 일치를 보지 못하고 끝났다. 결국 두 파는 각각 다른 길을 걷게 되어 현재에 이르고 있다.-옮긴이

해와 협조에도 온갖 노력을 기울였다. 그의 상당한 분량의 설교문과 성서 주해는 앞서 언급한 것처럼 비판교정판으로 간행되어 있다.

종교개혁 급진파

브렌츠의 관용론을 이해하려면 먼저 재세례파[34]에 대한 이해가 필요하다. 따라서 여기서는 재세례파의 성립과 경과에 대해 간략하게 살펴보도록 하자.[35]

1520년대 초반부터 츠빙글리를 중심으로 한 취리히의 종교개혁이 점차 진전을 보이자, 츠빙글리의 추종자 중 일부가 개혁사업의 현실이 개혁원리-"오직 성서" "오직 신앙"의 2대 원리-에 맞게 제대로 이루어지지 않는다는 비판을 제기하기 시작했다. 즉 "오직 성서"를 목소리 높여서 부르짖지만 성서에 명시되어 있지 않은 중세 그리스도교 세계의 적잖은 '관행'이 여전히 뿌리 깊게 남아 있으며, 종교와 정치(교회와 국가)의 결합과 결탁이 아직도 단절되지 않고 있는 것은 종교개혁이 불충분·불철저하기 때문이라는 것이 그들이 제기한 문제였다.

이들 급진파는 불철저함의 가장 구체적 사례를 유아세례의 존속에서 찾았다. 주체적으로 신앙고백을 할 수 없는 갓난아기에게 세례

---

34 한국의 재세례파에 대해서는 한국아나뱁티스트센터(www.kac.or.kr)를 참조.-옮긴이

35 出村彰.『再洗禮派』(日本基督教團出版局, 1970), 倉塚平,『異端と殉教』(筑摩書房, 1972), 倉塚平 編譯『宗教改革急進派』(ヨルダン社, 1971) 등 참조.

를 베푼다 해도 그것은 성서, 특히 신약성서에 따른 세례가 아니라는 것이 그들의 주장이었다. 즉 성서에 아무런 근거가 없는 유아세례 '관행'이 "오직 성서"를 외치는 개혁원리와 맞지 않다는 문제제기였다. 만약 유아세례가 구원에 이르지 못하는 단순한 "물 묻히기"에 불과하다면, 신앙의 도리를 이해할 수 있는 성인은 자각적 신앙고백에 기초한 세례를 받은 후에 비로소 신앙공동체의 일원이 되어야 한다는 논리였다.

츠빙글리의 취리히 부임(1518) 이후 5~6년 정도 뒤부터 활발하게 벌어진 이 논의는 '실제 행위'로 이어져 최초의 "신앙세례"(반대파에서는 "재세례"라고 불렀다)는 1525년 1월에 이루어졌다. 루터의 '95개조 명제' 게시 이후 약 7년이 지난 시점이었다.

개신교의 종교개혁과 때를 맞추어 일어난 이 같은 급진적 개혁 프로그램 전체를 최근에는 "근원적 종교개혁" 또는 "철저한 종교개혁(Radical Reformation)"으로 부르는 경우가 많다.[36] 결국 논쟁점은 개혁의 원점 또는 근원적 규범을 어디에서 찾을 것인가 하는 문제였다. 재세례파는 "오직 성서"를 고집하면서 그것을 더 철저하게 적용하고, 성서에 근거가 없는 모든 것은 폐기해야 한다고 주장했다.

그런데 이들을 넘어서 성서에 쓰여 있는 문자가 아니라 성서의 진정한 저자인 성령의 자유로운 역사(役事)만을 유일한 판단기준으로 삼는 이들도 있었다. 토마스 뮌처(Thomas M nzer, 1489~1525)로 대표되는 "성령주의(spiritualism)"를 추종하는 세력이었다. 그리고 인간의 보

---

36 George H. Williams, *Radical Reformation*(Philadelphia: The Westminster Press, 1962)

편적 이성만을 원리로 삼아 그에 반하는 모든 사상과 제도의 개혁을 요구한 합리주의(Rationalism)를 내세운 이들도 있었다. 세르베투스가 그 대표적 인물이라고 할 수 있다. 이러한 운동들은 실제 문제로서 복잡하게 결합되어 서로 영향을 주고받으며 16세기 유럽에서 일어난 쇄신운동의 일부를 형성하였다.

브렌츠의 관용론

브렌츠는 재세례파의 주장은 모두 오류에 불과하다고 먼저 자신의 근본적인 입장을 밝힌다. 유아세례의 부인과 성인세례의 시행, 재산공유제의 실시, 칼로 상징되는 정치권력의 부정과 적극적 관여 거부(탈정치주의), 맹세 금지령 등 이 같은 재세례파의 오류는 무엇보다 성서를 온전하게 이해하지 못한 데에서 생겨났으며, 결과적으로는 "선한 행위에 의해 구원에 이를 수 있다는 희망"을 만들어냄으로써 개신교의 2대 원리인 "오직 성서" "오직 신앙"을 배반했다고 주장했다.[37] 그러나 브렌츠가 제기한 진짜 문제는 이러한 오류에 대한 위정 당국자의 대처법이 '불과 칼'에만 의존하는 강권적 금압책밖에 없는가 하는 것이었다.

1528년 브렌츠가 책을 쓴 시점에 이미 취리히를 비롯한 스위스의 여러 도시에서 '재세례' 행위는 사형을 포함하는 엄벌의 대상이 되

---

37 *De haereticis*, 46쪽.(*Frühschriften* 480)

탄압을 피해 배 위에서 예배드리는 재세례파 신도들

어 실제로 몇 차례 극형의 집행이 이루어졌다. 이와 같은 재세례파에 대한 탄압은, 1524년에 일어난 '독일농민전쟁'[38] 후의 가혹한 '잔당 사냥'을 떠올리게 한다. 그리고 1529년 슈파이어(Speyer)에서 열린 독일제국회의에서는 재세례파에 대해 제국추방령을 반포하였다. 이

38 1524~5년 중부 유럽의 독일어 권역에서 광범위하게 확산되었던 농민들의 대규모 항쟁. 이 전쟁은 1789년 프랑스 대혁명 전까지 유럽에게 가장 큰 규모의 민중반란이었다. 재세례파의 지도자였던 토마스 뮌처가 이끌었던 이 항쟁에 가담한 약 30만의 가난한 소작농 가운데 10만여 명이 귀족들에게 학살되었다. 농민들은 빈약한 무기에 지휘체계도 갖추지도 못했기 때문에 귀족들의 군사를 당해낼 수 없었다. 종교개혁에 영향을 받은 농민군들은 간절하게 루터의 지지를 원했으나, 루터는 그들을 "그리스도인이 아닌(unchristian)" 자들이라고 규탄하며 귀족 편에 섰다.-옮긴이

처럼 재세례파에 대한 의심과 증오가 광범위하게 유포되어 있는 상황에서 위험을 자초할 수 있는 이런 책을 집필했다는 것만으로도 브렌츠의 독자성과 대담성은 특별히 주목받아 마땅하다 할 것이다.

브렌츠는 이 책에서 두 가지 문제를 지적하고 있다. 첫 번째는 재세례파 또는 좀 더 포괄적으로 이단이 현재 위정당국자로부터 받고 있는 취급을 용인할 만한 근거가 있는가 하는 것이다. 두 번째는 현재 이루어지고 있는 금압책에 법적 근거를 부여한 로마제국법의 진의가 과연 어디에 있는가 하는 것이다.

브렌츠는 처벌할 만한 죄과를 크게 두 가지로 나누었다. 하나는 영적·정신적 혹은 종교적인 죄과이고, 다른 하나는 육체적·세속적인 죄과다. 전자는 불신, 회의, 소심, 증오, 질투, 식탐 등을 들 수 있는데, 이는 단지 "신 앞(coram Deo)"에서만 죄가 될지언정 공공의 안녕이나 질서를 어지럽히는 범죄라고 하기는 어렵다. 그에 비해 후자는 반역, 살인, 강도, 절도, 간음 등 사회의 치안을 교란하는 범죄에 해당한다고 할 수 있다.[39]

그래서 신은 이처럼 근본적으로 다른 범죄를 처벌하기 위해 두 종류의 '칼'을 준비해놓았다. 내적·영적인 죄를 벌하기 위해 교회의 손에 '영혼의 칼', 즉 '신의 말씀'을, 그리고 외적·세속적인 죄를 벌하기 위해 위정당국의 손에 '강철 검'을 쥐어주었다. "그렇기 때문에 각각의 죄는 그것을 제압하고 저지하기 위해 정해진 방법에 따라 처벌해야 한다." 그 이유는 영적인 죄과는 "미묘"하며, 그와는 대조적으

39 *De haereticis*, 47쪽.(*Frühschriften* 481)

로 세속의 칼은 "거친데다 육적"이기 때문이다. 세속의 칼은 영적인 죄과를 더욱 강하게 할 뿐 억지하는 데에는 아무런 쓸모가 없다. 그래서 만약 세속의 "칼로 불신앙을 억압하고 이단을 처벌하려 한다면 아무런 이익도 얻지 못할 것이며, 도리어 커다란 소동과 인명 살상으로 사태를 악화시킬(악마에게 도움을 줄) 뿐이다."[40] 실제로 6년 후인 1534년 북독일의 뮌스터에서 일어난 재세례파의 반란[41]은 브렌츠의 우려를 실증하는 결과를 낳고 말았다.

브렌츠에 따르면, 이 세상의 칼은 숨겨진 안쪽의 죄, 즉 영적인 죄를 바르게 하는 힘을 갖고 있지 않을뿐더러 그 칼을 휘두르면 휘두를수록 겉으로는 바르고 결백하게 보이도록 함으로써 영적으로는 더 나쁜 죄를 짓는 것으로 귀결되고 말 것이라고 주장한다. 불신에다 위선의 죄까지 불러일으키기 때문이다. 그래서 이단이라는 내적인 죄와 싸우는 최선의 길은 오로지 복음에 따라, 또 성서에만 의지해서 싸우는 것이다. 만약 이단 사상을 가진 사람들이 외면적으로 범죄를 저지르지 않고 세속의 질서를 지키며 평화롭게 살아간다면, 위정당국은 그들을 법적으로 제재할 어떠한 명분도 필요도 논거도 없게 된다. 그들 영혼의 문제를 복음 자체, 이 세상 뒤에 이어지는 신

---

40 *De haereticis*, 48쪽.(*Frühschriften* 481)

41 재세례파가 뮌스터에서 신정정치를 이룩하기 위해 일으킨 반란. 그로 인해 뮌스터는 약 18개월 동안 재세례파의 지배하에 있었다. 재세례파는 가톨릭교도를 무신론자와 동급으로 취급해 살해했고, 반대세력은 대부분 입을 다물거나 도망쳤다. 사유재산을 폐지하였고, 일부다처제를 시행했으며, 자신들이 성령을 직통으로 받았다며 새로운 귀족제도를 만들어 호화로운 생활을 누렸다. 하지만 곧 내분에 휩싸였고, 결국 신성로마제국 황제와 제후들에게 진압당하고 말았다.-옮긴이

의 심판에 맡겨두어야 한다는 것은 마태복음 속에 나오는 "밀과 가라지의 비유"(13:24~30)[42]에서도 배울 수 있다.[43]

> 만약 누군가 불신이나 이단을 이유로 즉각 사형에 처해진다면, 그것은 단순히 육체의 생명을 빼앗길 뿐만 아니라 영혼마저도 잃어버리는 위험한 결과를 초래할 것이다. 어느 정도 시간이 지나면 그들이 참된 신앙으로 돌아올 수도 있기 때문이다. 위정당국자의 전횡으로 회개의 기회가 방해받아서는 안 된다.[44]

재세례파를 어떻게 대해야 할까

사도 바울로는 "이단에 속한 사람을 한두 번 훈계한 후에 멀리하라"

---

42 비유는 다음과 같다. "사람이 밭에 좋은 씨를 뿌렸는데 사람들이 잠자는 사이에 원수가 와서 밀밭에 가라지를 뿌리고 갔다. 밀이 자라서 이삭이 팼을 때 가라지도 함께 드러났다. 종들이 주인에게 와서 가라지를 뽑아버리는 게 어떻겠느냐고 묻자 주인은 '가만두어라. 가라지를 뽑다가 밀까지 뽑으면 어떻게 하겠느냐? 추수 때까지 둘 다 함께 자라도록 내버려두어라. 추수 때 내가 추수꾼에게 일러서 가라지를 먼저 뽑아서 단으로 묶어 불에 태워버리게 하고 밀은 내 곳간에 거두어들이게 하겠다'고 대답하였다." 예수가 이 비유를 통해 전달하려 했던 메시지는 "가라지를 뽑다가 밀까지 뽑을 위험이 있으니 추수 때까지 가라지를 그대로 내버려두라"는 것이다. 즉 밀과 가라지를 정확하게 구분하기 어렵다는 것이다. 브렌츠가 이 비유를 언급한 것은, 성급하게 이단이라고 단정 지어서는 안 되며, 그 최종적 판단은 인간이 아닌 신에게 있다는 것이다.-옮긴이

43 *De haereticis*, 48쪽.(*Frühschriften* 481)

44 *De haereticis*, 50~51쪽.(*Frühschriften* 482~483)

(디도서 3:10)라고 했을 뿐, 어디에서도 이단자를 화염 속에 던지라든가 칼로 찌르라고는 하지 않았다. 그런 자들은 파문에 처하고, 교회에서 쫓아내고, 이방인이나 세리처럼 대하면 충분하다. 반대로 세속의 칼이 정해진 한계를 넘어 "불신이나 이단 같은, 원래 복음과 신의 말씀으로 교정해야 할 것까지도 (인간의 칼로) 교정하려 한다면 … 평화와 안녕보다는 오히려 해악과 손실을 낳을 것이다. 그 결과 칼마저도 무겁고 무디게 만들어버리고 말 것이다."[45]

좀 더 구체적으로 말하면, 재세례파의 죄과가 된 "세례의 반복은 외면적 혹은 세속적인 죄과가 아니라 내면적으로 숨겨진 오류이며, 다른 범죄가 있지 않은 한 오로지 신의 말씀에 의해서만 처벌받아야 한다. … 요컨대 불신앙이나 이단은 세속적인 칼이 아니라 사랑의 칼에 복종해야 하는 것이다."[46] 브렌츠의 결론은 다음과 같다.

> 만약 이단을 실력으로 근절하고, 강제로 제거해도 좋다고 한다면 성서를 배우는 의미는 어디에 있는가. 그렇다면 사형집행인이 모든 인간 중에서 가장 지혜로운 사람이 될 것이다.[47]

종교개혁과 신앙분열 시대 초기에 브렌츠가 보여준 이단에 대한 의견은 참으로 탁견이라고 하지 않을 수 없다. 그런데 이렇게 말하면 구약에 나오는 모세의 율법을 내세워 다른 신에게로 사람들을 유혹

---

45 *De haereticis*, 52쪽.(*Frühschriften* 484)

46 *De haereticis*, 53~54쪽.(*Frühschriften* 484)

47 *De haereticis*, 54쪽.(*Frühschriften* 485)

하는 자는 죽음으로써 처벌해야 한다고 주장하는 자가 나타날지도 모른다. 이에 대해 브렌츠는 구약과 신약, 율법과 복음, 유대교와 그리스도교 사이의 단절과 불연속 의식으로써 반론을 제기한다. 유대교 시대의 외형적·신체적 물질적 축복이나 처벌은 그리스도교에 있어서 내면적·영적 축복, 또는 거기에서 시작된 영혼 구원의 '징표'에 지나지 않으며, 그렇기 때문에 구약의 거짓 예언자에게 내려진 육체적 징벌은 신약에서는 영적인 기피와 폐기의 상징이기 때문에 양자는 엄격하게 구분되어야 한다고 주장한다.[48]

> 그런 이유로 위정당국자에게 가장 확실하게 유익한 것은, 그들을 자신의 직무 범위 내에 있게 하면서 영적인 죄과는 영적 처벌에 맡기는 길이다. 올바른 신앙을 단 한 번이라도 박해하기보다는 거짓 신앙을 보더라도 네 차례, 혹은 열 차례라도 못 본 척하는 게 훨씬 바람직하다.[49]

그러면 재세례파에 대해서는 어떤 대책을 세우면 좋을까. 재세례파가 이단이 된 사유 중 하나는 그들이 주장하는 재산공유제다. 실제로는 어떠했을까. 재세례파는 지금까지도 성직자들, 특히 남녀 수도자들이 재화를 공유하는 이 제도를 실천해왔지만, 다른 사람들에게는 결코 강요하지 않았다. 이들은 "청빈의 길"을 걸음으로써 많은 칭찬을 받았음에도 "가난하고 불쌍한 재세례파가 모두 같은 가르침

48 *De haereticis*, 55쪽.(*Frühschriften* 486~487)

49 *De haereticis*, 56쪽.(*Frühschriften* 487~488)

을 갖고 있다는 것이 도살의 이유가 될 수 있는가. 왜 그렇게 되어야 하는가."[50] 그들의 잘못은 성서의 특정한 몇몇 곳(예를 들면 사도행전 4장 32절의 "믿는 무리가 한마음과 한 뜻이 되어 모든 물건을 서로 통용하고 자기 재물을 조금이라도 자기 것이라 하는 이가 하나도 없더라.")을 오해한 것에 불과한데, 그 때문에 극형에 처해야 하는가. 그 정도는 아니지 않은가. 이 문제는 위정당국자가 관여해야 할 사안도 아닐 뿐더러 그럴 권리도 없다.

그리고 또 한 가지, 재세례파는 '탈정치주의', 즉 정치적 무관심과 무책임 때문에 비난을 받았다. 하지만 이 비난도 옳지 않다. 이 역시 재세례파보다 먼저 다른 사제나 수도자들이 "성직자는 누군가를 재판하거나 형벌을 내리거나 피의 판결(사형판결)을 선고해서는 안 된다"고 한결같이 가르쳐왔기 때문이다. 그들은 세속의 권력에 복종해야 한다는 의무에서 자유로울 뿐 아니라 칼을 차는 것도 금지되어 있다. "우리로서도 영적인 당국자, 즉 주교와 사제 혹은 설교자들은 그 직책을 이유로 칼을 쓸 수 없으며, 써서 안 된다는 것을 부정하지 않는다."[51] 이런 사실을 통해서 보면, 같은 주장을 한다는 이유로 재세례파를 극형에 처하는 것이 과연 옳은 일인지 생각해보지 않을 수 없다.

그렇다면 이들에 대한 구체적인 대처법은 어떠해야 할까.

---

50 *De haereticis*, 58~59쪽.(*Frühschriften* 488~489)

51 *De haereticis*, 65쪽.(*Frühschriften* 491)

> 답은 이렇다. 성직자들을 대하는 것과 똑같이 재세례파를 대해주면 된다. 만약 그들이 시민으로서 복종을 거부한다면 시민권(시민적 자유)을 박탈하고 단순한 체류자(외국인)로 간주하고 그렇게 대우하면 된다. … 이런 종류의 집단에 대한 가장 무거운 형벌은 기껏해야 모든 시민적 관계로부터 그들을 배제하는 정도로 멈춰야 한다. 어떤 이유로든 그것을 넘어서는 것은 전횡인 동시에 폭력이며, 공정함을 결여한 결과가 될 것이다.[52]

재세례의 문제점

계속해서 브렌츠는 재세례파의 가장 중대한 죄과가 된 재세례의 시행에 대해 언급한다. 당시 스위스는 물론 독일에서도 재세례를 금지했는데, 이러한 탄압의 법적 근거는 로마제국법(시민법대전)이었다. 그런데 법을 적용할 때는 법 제정의 진의가 어디에 있는지 역사적 상황을 충분히 고려해야 한다.

세례를 다시 베풀어서는 안 된다는 금지령은 사실 평신도가 아니라 성직자만을 대상으로 한 것일 뿐 아니라-평신도는 당연히 성례(聖禮, 성사聖事)를 집행할 권한을 갖고 있지 않았다-현행범만을 처벌 대상으로 생각했던 것으로, 본래 법 제정의 취지는 처벌보다는 억제나 위협의 의도였다. 바꾸어 말하면, 이 금지령은 "단순히 재세례만

---

52 위의 책(*Frühschriften* 492)

을 염두에 둔 것이 아니라, 확실하게 언급하고 않았지만, 그 당시 재세례와 결부되어 있던 뭔가 다른 외면적인 범죄와 관계가 있다"는 사실을 알아야 한다고 브렌츠는 지적한다.[53]

초대교회의 역사에 대해 어느 정도 지식이 있는 사람이라면, 이 재세례 금지가 4세기에 벌어졌던 '도나투스(Donatus) 논쟁'[54]으로까지 거슬러 올라간다는 사실을 떠올릴지도 모르겠다. 이 논쟁에서는 성례–구체적으로는 주교 임직자의 안수(按手)–의 효력이 성례 집행자나 성례 수령자의 개인적 자질에 의거하는지 여부가 논점이었다. 카르타고의 주교로서 안수를 시행한 세 사람의 주교 중 한 사람이 그 직전에 있었던 로마제국의 박해 때 배교(背教)한 전력이 있었다. 그런 이유로 이 새로운 주교의 임직을 거부한 일파가 생겼는데, 그 지도자가 도나투스였기 때문에 논쟁 전체를 '도나투스 논쟁'이라고 불렀다.

도나투스파는 배교라는 최악의 죄는 성례의 효력을 무력화시킨다고 주장했다. 그래서 구원에 이를 수 있는 성례의 효과가 집행자나 수령자의 개인적 자질(윤리·도덕적 무결성이든 교리 면에서의 정통성이든)에 좌우된다는 입장은 이후 '도나투스주의'라고 불리게 되었다. 그리스도교 교리사에서 말하는 이른바 '인효론(人效論, ex opere operantis)'

---

53 *De haereticis*, 71쪽.(*Frühschriften* 494)

54 로마 제국 디오클레티아누스 황제의 그리스도교 박해(303~305) 때 교회 안팎에 많은 배교자가 생겼다. 이후 신앙의 자유를 얻게 되었을 때 자연스럽게 배교 문제가 대두되었고, 이들에 대한 처리를 둘러싸고 가톨릭교회와 도나투스파 사이에서 논쟁이 벌어졌다. 쟁점은 크게 두 가지로, 하나는 인효론이냐 사효론이냐 하는 것이고, 또 하나는 배교자들이 재세례를 받아야 하는가 여부였다.-옮긴이

도나투스와 논쟁을 벌이는 아우구스티누스
(샤를 앙드레 반 루Charles-Andr van Loo, 18세기)

이다.

현실에서 도나투스파는 로마를 정점으로 하는 가톨릭교회와 대립한 북아프리카의 민족주의와 결합한 반로마운동의 성격을 가지고 있었다. 때문에 제국 권력이 가톨릭교회의 '객관주의', 즉 "성례의 효력은 집행자 혹은 수령자의 개인적 자질에 의존하지 않는다"는 입장, 즉 '사효론(事效論, ex opere operato)'을 정통으로 인정함으로써 도나투스주의는 곧 반로마, 반권력, 반체제의 다른 이름이 되었다.

그런데 도나투스파는 새롭게 받아들인 신자들에게 과거 가톨릭교회에서 받았던 세례를 무효로 하고 독자적인 세례를 시행했다. 가톨릭 쪽에서 보면 명백한 재세례였다. 바로 여기에서부터 재세례가 제국에 대한 반역, 반란, 모반의 상징으로 받아들여졌던 것이다.

브렌츠가 이러한 교회사에 대한 지식이 있었음은 물론이다. 브렌츠에 따르면, 저 성스러운 순교자 카르타고의 주교 키프리아누스(Thascius Caecilius Cyprianus, 200?~258)는 이단자들에게 세례를 받은 자는 올바른 신앙인, 즉 가톨릭 신자가 되려면 다시 세례를 받지 않으면 안 된다고 규정하였다는 것이다.[55] 그렇다면 이러한 역사적 상황을 도외시한 채 재세례 자체만을 비난하는 것은 전혀 타당하지 않은 것이다.[56]

사정이 어떠하든 현재 이루어지고 있는 재세례파에 대한 엄벌은 충분한 법적 근거가 결여되어 있는 것만큼은 분명하다. 오히려 "위정당국자는 비참한 사람들을 끊임없는 착취로 괴롭히지 않고, 도리어 고아와 과부를 충실하게 돌보고, 직무에서 명하는 대로 사람들을 편벽되게 보지 않고 심판을 내려야 한다"고 브렌츠는 결론을 맺고 있다.[57]

---

55 키프리아누스는 "교회 밖에 구원 없다"는 선언을 통해 교회 밖에는 성령께서 활동하시지 않으므로 다시 세례를 받아야 한다고 주장했다. 하지만 그의 주장은 자유로운 영인 성령을 교회 안에만 가두는 편협한 성령론이라는 비판이 제기되었다. 또 이 문제에 대해 세례는 그리스도께서 베푸시는 성사이므로 삼위일체 하나님의 이름으로 세례를 주었다면 인정해야 한다는 주장(아우구스티누스 주교, 현재 가톨릭의 공식적인 입장), 안수만 해서 받아들여야 한다는 주장(로마교구의 스테파누스 주교)도 있었다. 스테파누스 주교가 키프리아누스에게 파문을 위협할 정도로 심각한 의견 마찰을 겪었으나 스테파누스의 순교로 문제는 해결되지 않은 채 종결되었다.-옮긴이

56 *De haereticis*, 70쪽.(*Frühschriften* 494)

57 *De haereticis*, 73쪽.(*Frühschriften* 497)

두 왕국설(二王國說)

지금까지 브렌츠의 관용론을 그의 재세례파에 대한 서술을 따라가면서 간략하게 살펴보았다. 그 이론적 근거나 골격이, 내적과 외적, 영적과 육적, 불가시적과 가시적, 그리고 이 세상의 지배와 그리스도의 지배라는 이원구조에 있다는 것을 확실하게 알 수 있다. 그리고 그 이원구조의 가장 깊숙한 곳에 자리 잡고 있는 것이 교리사에서 '두 왕국설' 또는 '양권론(兩權論)'으로 불리는 사고방식이라는 것도 의문의 여지가 없다. 본래 루터의 사회에 관한 가르침과 주장의 근본이 된 이 사상을 브렌츠가 루터를 통해 받아들였는지 아니면 다른 경로가 있었는지는 알 수 없다. 어느 쪽이든 1518년 하이델베르크 논쟁[58] 이후 루터로부터 직간접으로 받은 인격적·신학적 영향이 상당했다는 것만큼은 분명하다. 브렌츠는 시종일관 루터의 신학적 자장 안에 머물러 있었다.[59]

브렌츠의 비판교정판의 편집자이며 그의 신학사상 연구자인 마르틴 브레히트(Martin Brecht, 1932~)는 루터는 물론 바젤의 종교개혁가

---

58 루터가 교황의 권위에 도전함으로써 가톨릭교회는 큰 혼란에 빠지고, 루터 자신은 면벌부를 둘러싼 신학 논쟁에 휘말린다. 루터의 면벌부 비판과 관련하여 벌어진 첫 번째 논쟁이 1518년 4월 26일 하이델베르크 대학에서 열렸다. 이때 루터는 아우구스티누스 수도회와 논쟁을 벌이면서 자신의 신학적 주장을 '40개 명제'로 만들어 정리했다. 당시 신학의 주류는 '영광의 신학'이었는데, 이 논쟁에서 루터는 인간의 노력을 통해 신에게 나아가려는 영광의 신학을 비판하고 '십자가의 신학'을 지지하였다. 이 논쟁을 통해 마르틴 부처(Martin Butzer)를 비롯한 비텐베르크의 동료 등 많은 지지자를 얻게 되었다.-옮긴이

59 Evangelische Kirchen Lexikon Ⅰ, 572쪽

하이델베르크 논쟁(1518)

요하네스 외콜람파디우스가 브렌츠에 주었던 영향을 강조한다. 외콜람파디우스는 브렌츠의 이 저술이 간행된 이듬해(1529)에 공포된 「바젤 종교개혁규정」, 그에 앞서 이루어진 연설 '파문 징계의 회복에 관한 담화' 등에서 그리스도교 도시국가라 하더라도 그 내부에서는 종교와 정치, 교회권과 세속권, 파문과 징벌에 대한 명확한 '구분'이 불가결하다고 역설했다.

외콜람파디우스는 생애 마지막 몇 년간 이 같은 세속권에 대한 교회권의 자율 원칙을 스위스 맹약공동체의 여러 도시로 확산시키는 데 주력하였다. 그런 점에서 취리히의 종교개혁가 츠빙글리와 커다란 차이가 있다. 그렇지만 바젤에서도 재세례파는 엄격한 탄압의 대상으로, 정치와 종교 양 권력의 '구별'을 통해 파생된 종교적 관용이 그만큼 확립되지는 못했다는 사실 또한 지적해두지 않을 수 없다.

이와 관련해서는 이 책의 마지막 부분에서 다시 살펴보도록 하겠다.

외콜람파디우스는 친우 츠빙글리의 뒤를 따르듯 1531년 늦가을에 병사함으로써 그의 영향력은 제한된 범위에 머물렀지만, 이후 스트라스부르의 마르틴 부처를 거쳐 칼뱅에 이르러서는 영속성을 지닌 제도로 개화했다. 그러나 이는 또 다른 이야기의 주제이다. 좀 더 부연하면, 외콜람파디우스의 자유로운 교회훈련에 대한 모색도 넓은 의미에서 보면, 루터의 영향 또는 충격으로 형성된 것이 아닌가 하는 질문도 전혀 근거가 없는 것은 아니다. 적어도 초기의 루터는 각 회중의 강력한 자치와 자율을 지지했기 때문이다.

익명의 편지–또 하나의 관용론

『브렌츠 저작집』에는 앞에서 살펴본 『세속의 권력은 재세례파를 불과 칼로 사형에 처할 정당한 권한을 가지고 있는가』를 비롯한 일련의 문헌들이 수록되어 있다.[60] 『세속의 권력은 재세례파를…』 집필 2년 후인 1530년 초, 뉘른베르크 시의회 서기 겸 대참사회 의원이었던 인문주의자 라자루스 슈펭글러(Lazarus Speegler, 1479~1534)는 한 통의 편지와 의견서를 받았다. 편지를 쓴 익명의 인물은 아직도 추측의 영역 속에 있지만 "그 속에는 실로 혁명적인 관용론이 개진되어

---

60 *Frühschriften* 506~541쪽.

있었다."[61] 슈펭글러는 곧바로 두 통의 편지를 썼다. 한 통은 뷔르템베르크의 인문주의자로서 당시 루터의 비서 역할을 맡고 있던 바이트 디트리히(Veit Dietrich, 1506~1549)에게, 그리고 또 한 통은 브렌츠에게 발송했다.

슈펭글러는 자신이 받은 편지의 요지를 소개하고, 그 편지와 함께 의견서 사본도 동봉했다. 말할 필요도 없이 브렌츠의 견해-관용론에 대한 부정적 반론-를 기대했다. 편지와 의견서의 필자가 누구인지 알 수 없지만, 슈펭글러가 구태여 이름을 숨긴 것에서도 짐작할 수 있듯이 시정(市政)의 유력자 중 한 사람일 가능성이 컸다. 적어도 슈펭글러처럼 성서 지식에 정통한 교양인이라는 것만큼은 의심의 여지가 없었다.

의견을 요청받은 브렌츠는 슈펭글러 앞으로 장문의 답변을 보내 자신의 입장을 명확하게 밝혔다. 그의 답변이 슈펭글러의 기대에 부합했는지 여부는 뒤에서 살펴보도록 하자. 이 같은 논의는 카스텔리오의 관용론이라는 본서의 주제에서는 다소 벗어나는 것처럼 보일지도 모르겠다. 하지만 같은 시대, 즉 16세기에 등장한 또 다른 형태의 관용론이 가진 그 내면의 미묘한 차이를 밝힘으로써 카스텔리오의 입장을 더욱 명확하게 드러낼 수 있을 것이다.

슈펭글러의 입장에서는 "형제나 다름 없었던" 이 익명의 인물이 보낸 관용론은 의심의 여지없이 "악마의 소행"으로밖에 해석할 수

---

61 田中眞造,「宗教改革期のある寛容論」(『ヨーロッパ的人間』, 勁草書房, 1965) 98쪽.

없는 것이었다.[62] 그것은 "한마디로 신의 말씀, 올바르고 명백한 종교, 그리스도교 사회와 세속의 권력이 가진 권위와 칼을 파멸에 이르게 하는" 것이라고밖에 비쳐지지 않았다고 해도 결코 이상한 것이 아니었다. 그래서 편지와 의견서를 받고 어찌할 바를 모르던 슈펭글러는 루터와 브렌츠에게 판단과 조언을 구하고자 했던 것이다.

권력자는 칼을 휘두를 권리가 있는가

브렌츠에게 보낸 편지 속에서 슈펭글러는 이 익명의 논객이 주장하는 바를 간단하게 소개하고 있다. 여기서는 그가 보낸 「세속의 당국자는 신앙과 관련된 일에 칼을 휘두를 권리가 있는가(Ob ein weltlich Obrigkeit Recht habe, in des Glaubens Sachen mit dem Schwert zu handeln)」[63]라는 제목의 의견서를 간결하게 요약하고, 아울러 슈펭글러의 요청에 대해 브렌츠가 보낸 답변의 요지를 살펴보도록 하자.

1530년이라는 시점에서 종교 분열은 불과 10여 년밖에 지나지 않았지만 이미 시작된 "신앙을 이유로 한 학살과 추방이 멈춘 곳을 알지 못한다"는 말로 익명의 필자는 서두를 시작한다. 루터파도 츠빙글리파도 재세례파를 용서하거나 이해하려 하지 않았으며, 다른 한편으로 가톨릭은 개신교의 루터파, 츠빙글리파, 재세례파는 물론이

---

62 *Frühschriften* 513쪽.

63 이 보고서는 「1530년의 관용에 관한 미지의 뉘르베르크 보고서(Ein unbekanntes N rnberger Gutachten zur Frage der Toleranz aus dem Jahre 1530)」로 알려져 있다.-옮긴이

고 자신들과 신앙이 같지 않은 자들을 모조리 불태워 죽이고, 목매달아 죽이고, 추방했다. 그런데 이런 일을 벌인 자들은 어떤 권리로 타인의 신앙을 지배하려 한 것인가. 세속의 당국자들이 현세의 사물과 신체 또는 재화를 가진 신하들의 안전을 보장할 의무가 있는 것처럼 그보다 더한 최고의 재화인 신앙과 영적인 것의 해독과 유혹을 방지할 책무가 있다는 것인가.[64]

구약시대에 유대의 지배자들은 우상을 무너뜨리고, 올바른 신께 예배를 드리는 것을 의무로 삼았다. 그러나 신약시대가 되면서 구약과 유대의 율법은 폐기되었다. 신약 어디에도 세속의 권력, 즉 속권이 신앙을 배려해야 한다는 명령은 없다. 오히려 신약은 신앙(靈)의 나라(지배)와 현세의 나라, 즉 두 개의 나라를 명확하게 구별하고 있다. 전자는 그리스도의 나라이며 그리스도 자신이 왕인 것에 비해, 후자는 황제 또는 속권이 지배한다. 이 두 개의 나라는 그 지배자가 다른 것처럼 목표와 목적 또한 다르다.

신앙의 나라에서 가장 강력한 권력은 신의 말씀이며, 그 목표는 인간들을 '회심'시켜 구원에 이르게 하는 것이지만, 현세의 권력은 칼이며 그것의 목표는 외면적 평온을 유지하는 것이다.[65] 이와 같은 두 왕국 혹은 지배에 대한 구별이나 변별은 신약성서에서 명백한데, 예를 들어 바른 신앙과 가르침을 막론하고 '속권의 힘'으로 이것을 선전하거나 또는 거짓 신앙과 가르침을 물리치려는 자는 신약성서

---

64 *Ob ein weltlich Oberkait Recht habe, in des Glaubens Sachen mit dem Schwert zu handeln* 517쪽.

65 위의 책 518쪽.

전체를 모욕하고 조롱하는 결과가 되는 것이다. 이 같은 제약과 한계는 그리스도인이든 터키인이든 이교도이든 혹은 가톨릭이든 조금도 다르지 않다.

그러면 이런 주장에 대한 반론도 당연히 나올 것이다. 신앙상의 불일치를 위정당국이 허용한다면, 그 일치가 일어나는 쪽에서 당연히 반란과 소요가 일어날 것이라고. 그러나 반란과 소요가 일어나는 것은 신앙의 올바름이나 거짓과는 아무런 관계가 없다. 그 주된 원인은 악인(惡人)의 존재이며, 악인은 그리스도인 사이에서도 비그리스도인 사이에서도 한결같이 존재한다. 따라서 세속의 권력에게 명령을 받은 것은 외면적인 소동을 벌하는 것일 뿐, 그것 외에는 누가 어떤 신앙을 가졌다 하더라도 그 심판은 신의 말씀과 성령에 맡겨야 한다. 반란의 가능성이 있다는 이유만으로 벌해서는 안 된다. 스스로를 그리스도교적이라고 칭하는 세속의 권력이 왜 신을 믿으려 하지 않는가.[66]

한 지역에 하나 이상의 종교나 신앙 이해의 공존을 허락하면 정치적 불안과 혼란이 일어날 것이라는 우려에 대해 익명의 필자는 보헤미아의 사례를 들어 반론을 펼친다. 보헤미아에서는 오랜 시간 세 종류의 신앙, 즉 유대인과 가톨릭, 일치형제단[67]이 평온하게 공존했

---

66 위의 책 521~523쪽.

67 15세기 중반 보헤미아의 후스파 운동의 분열로 생겨난 개신교의 평신도 단체. 보헤미아 형제단(Böhmische Brüder)이라고 부른다. 이들은 비폭력, 자유, 평등의 가르침을 바탕으로 하며, 선서, 병역, 공직 진출을 거부하고, 농경과 수공업 같은 소박한 삶을 추구하였다. 엄격한 신앙규율로 인해 국왕과 가톨릭교회로부터 박해를 받았지만 보헤미아와 모라비아를 중심으로 그 세력을 넓혔다. 16세기 초반에는 신자 수가 10

독일농민전쟁 과정에서 가장 규모가 컸던 프랑켄하우젠 전투(1525)

다. 그런데 국왕이 외면적 평화 유지만으로 만족하지 않고 칼의 힘으로 억압하려 했을 때 오히려 소란이 일어났다. 이는 최근 독일에서 일어난 농민들의 대반란[68]을 보더라도 알 수 있듯이 "반란의 대부분은 통치자가 복음을 허용하려 하지 않았기 때문에 일어났다."[69] 만약 세속의 권력에 칼로 거짓 신앙을 박멸하는 것이 허용된다면 언젠가는 가장 강력한 현세의 권력이 다른 권력에게 신앙마저도 강요하려 들 것이다. 그렇게 되면 더더욱 유혈을 피하기 어려우며, 그것이

만에 이르렀고, 성서를 체코어로 번역하는 데 공헌했다. 이들의 전통은 현재 모라비아 형제단(Herrnhuter Brüdergemeinde)을 통해 이어지고 있다.-옮긴이

68 1524년에 일어난 농민전쟁을 말한다.-옮긴이

69 *Ob ein weltlich Oberkait Recht habe*, 526쪽.

야말로 악마가 가장 열렬하게 원하며 추구해왔던 것이나 다름없다.

이 익명의 저자는 이 같은 취지의 의견서와 함께 한 통의 편지를 슈펭글러 앞으로 보냈다. 거기에는 자신의 입장을 다음과 같이 요약하고 있다.

자신이 말하려는 바는 위정당국자가 그리스도교('관헌적' 종교개혁)인 경우에는 그 지배하는 지역의 신앙을 감독하고, 교역자 혹은 설교자를 임면(任免)하며, 예배 양식을 정하거나 폐지할 권리를 갖는 것처럼, 유대교도도 재세례파 또는 다른 분파도 자신들이 올바르다고 생각하는 신앙을 고집하고 설교자나 교역자를 임면할 권한을 가질 수 있는 것이다. 그 지역의 종교가 유대교이든 그리스도교이든 혹은 재세례파이든 세속 권력의 직무는 폭력과 소요를 배제하고, 어떤 종파가 자신들의 신앙을 강요하여 다른 종파의 회당이나 예배당에 가게 만들거나 또 예배의식 참가를 강요할 경우에는 그런 것들을 허락하지 않고 처벌함으로써 평화를 창출하는 것이다.[70]

신앙의 자유를

이상의 논의는 당시에는 상당히 독자성을 지닌 것이었다. 익명의 필자가 주장한 것은 여러 종파, 더 나아가 여러 종교가 완전히 대등하다는 것을 인정하는 입장이며, 단순한 상호 인내나 허용을 호소

---

70 위의 책 527쪽.

하는 데에 머무르지 않았다는 것으로 이해할 수 있다. 게다가 더욱 주목해야 할 것은, 세속의 권력이 가진 제약이나 신앙에 대한 불가침성은 단지 내면적 영역에만 머무르지 않고 그 같은 내면성의 구체적 발현 형태인 예배나 의식으로까지 확장된다는 것이다. 이 점의 중요성에 대해서는 아무리 강조해도 지나치지 않을 것이다. 그런 이유로 이 의견서에 대한 브렌츠의 태도도 확실하게 이 점을 겨냥하고 있다.

브렌츠는 우선 의견서에서 제시한 다음 세 가지 논제가 정곡을 찔렀다는 것을 인정한다. 첫 번째는 신약성서가 지상에는 두 개의 나라(영적인 나라와 현세의 나라)가 존재함을 인정하고 있다는 것, 두 번째는 그 두 나라는 개별적인 지배자와 권한, 목표를 가지고 있다는 것, 그리고 세 번째는 현세의 권력은 올바른 신앙을 힘으로 보호하고 반대로 불신앙을 힘으로 배제하고 처벌할 권능을 갖고 있지 않다는 것이다. 그 점에서 브렌츠는 의견서의 집필자와 전적으로 같은 의견이다.[71]

그렇지만 브렌츠는 올바른 신앙에서 비롯된 외적 행위와 불신앙의 그것 사이에 아무런 차이도 존재하지 않는다는 것이 사실인가, 하고 묻는다. 브렌츠에 따르면 올바른 신앙과 올바르지 않은 신앙에서 비롯된 외적 행동 사이에는 "현격한 차이"가 존재한다는 것이다. 신앙이나 그 외면적 표출인 신앙고백은 각자의 양심이나 심정의 문제기에 현세의 권력이 이것을 지지하거나 억압하는 것은 명백한 잘

---

71 *Antwort auf die Verzeihen, so auf diese Frage gestellt ist*, 518쪽

못이다. 그러나 그런 것을 넘어 "공공연하게 또 남몰래 무리를 조직해서 새로운 교역자를 세운다"면 그것은 또 다른 문제다. "각자가 바라는 대로 무언가를 믿고 고백하는가는 당연히 세속의 위정당국자의 관심사가 아니지만, 무리를 조직하고 당국에 맞서 새로운 설교자를 내세우는 것은 위정자와 관계를 갖게 되는 것이다."[72]

그렇다면 이러한 반론이 나올지도 모르겠다. 그리스도를 따랐던 사도들은 "사람을 따르기보다는 신을 따라야 한다"고 말하면서 로마 관헌에 저항하였고, 또한 개신교의 설교자들도 처음에는 가톨릭을 배반하고 선교를 시작하지 않았는가. 여기에 대해 브렌츠는 세속의 관리가 세속의 직무를 맡은 것처럼 그들은 위정당국자의 정당한 부름을 받았고, 그 임직을 맡은 것이라고 답한다. "내가 말하려는 것은 설교(종교)가 아니라 공적인 직무 및 공공연하거나 혹은 그 뒤에 숨겨진 음모에 대한 것이다."[73]

의견서는 어떤 지역에 복수의 종파나 종교가 공존할 가능성에 대해서도 언급하고 있다. 그러나 새로운 분파 혹은 교역자가 그곳에 밀고 들어가는 것은 전혀 다른 문제다. 필연적으로 문제가 발생할 수밖에 없다. 고대 황제들은 가톨릭과 함께 "이단"을 허용한 사실이 없지 않지만, 그리스도교를 신봉한 황제들은 "이단의 교회"를 결코 용인하지 않았다. 신약성서의 유명한 비유[74]에 따라 추수할 때까지 밀과 가라지를 함께 내버려두어야 한다고 주장할지도 모르겠다. 그러

---

72 위의 책 530~532쪽.

73 위의 책 533쪽.

74 마태복음 13장에 나오는 "밀과 가라지의 비유"이다.-옮긴이

나 그리스도가 그렇게 명한 것은 제자와 사도들에 대한 것이며, 상도, 살인, 신성모독, 간음 같은 "가라지"는 성속의 양 권력으로 최대한 제압해야 한다는 것은 자명한 이치다.[75]

이상 다소 길었는지도 모르지만, 익명의 필자가 보낸 의견서에 대해 브렌츠가 펼친 반론의 요지를 살펴보았다. 사실 브렌츠가 주장하는 바는, 내적·외적, 불가시적·가시적, 영적·신체적인 것의 준별이라는 루터의 원리와 다름이 없다. 물론 의견서 역시 같은 원리에 입각해 있지만, 의견서는 그 범위가 훨씬 더 넓으며 단순히 인간의 눈에 보이지 않는 내면적 믿음만이 아니라 그 표출인 신앙고백문, 예배를 위한 집회장과 그 양식, 교직자의 임면권 등 좀 더 광범위한 영역까지 포괄하고 있다. 따라서 이와 같은 의견서의 주장은 영방(領邦)국가제[76] 하의 종교개혁가 브렌츠로서는 도저히 용납하기 어려운 것이었다. 브렌츠는 어디까지나 루터의 자장권 내에서 활동했던 인물이었기 때문이다.

다음으로 이제는 루터에게 이런 질문을 던져보도록 하자.

---

75 위의 책 536~537쪽.

76 영방국가(領邦國家, Territorialstaat)는 독일에서 중세 말에서 근세 초에 걸쳐 영방군주가 주권을 행사한 지방국가를 말한다. 독일(신성로마제국) 황제는 성직 서임권 투쟁과 이탈리아 정책에 치중하느라 국내적으로 힘을 잃고 각종 주권을 제후들에게 양보하여 영방군주들이 '국가 내의 국가'라 할 자치적 영역을 확보하였다. 13세기 이후 그 수가 3백 여 개에 이르렀으며 종교개혁 시대 30년 전쟁의 결과인 베스트팔렌 조약(1648)으로 영방국가의 주권이 국제적으로 승인되었다. 오스트리아, 프로이센 등도 영방국가의 하나였다. 1871년 독일제국의 창건에 의해 영방국가들이 통합되었다.-옮긴이

루터-『세속 권력에 대하여』

카스텔리오는 루터의 문제작 『세속 권력에 대하여, 세속의 권력에 어느 정도 복종의 의무가 있는가(Von der weltlichen Obrigkeit, Wie weit man ihr Gehorsam schuldig sei)』(1523, 이하 『세속 권력에 대하여』)[77]를 상당히 길게 인용하고 있다. 이 책은 앞서 언급한 독일농민전쟁이 일어나기 이전 해에 루터 자신이 섬겼던 영주였던 작센의 선제후 프리드리히 3세(Friedrich

『세속 권력에 대하여, 세속의 권력에 어느 정도 복종의 의무가 있는가』(1523)

---

77 이 글은 홍치모, 『루터의 정치사상』(컨콜디아, 1985) 속에 『세상 권력에 대하여, 세상 권세에 어디까지 복종해야 하는가?』라는 제목으로 번역되어 있다.-옮긴이

III, 1463~1525)의 동생으로 2년 후에 형의 뒤를 이은 요한(Johann der Best ndige, 1468~1532)에게 헌정한 것이다. 카스텔리오의 인용은 이 책의 제2부 「세속 권력은 어디까지 미칠 수 있는가」 서두 부분부터다.

루터가 이 저작을 쓴 의도는 크게 두 가지다. 하나는 교권과 속권를 분명하게 구분하여 어느 쪽을 우위에 두어야 하는지 혼동하거나 그 둘을 융합하는 잘못을 바로잡아야 한다는 주장이다. 그리고 또 하나는 이른바 근본주의자의 일원론에 바탕을 둔 오류, 즉 속권을 부인하는 것에 대한 오류를 바로잡아야 한다는 주장이다. 속권은 이 세상에 대한 봉사이며, 타죄(墮罪, 타락)[78] 후 세상의 질서 유지를 위한 은혜로운 신의 수단이라는 것이다.

루터의 말을 들어보자.

> 여기에서 우리는 아담의 자식들, 즉 모든 인간을 두 부류로 나누지 않으면 안 된다. 첫 번째는 신의 나라에 속하는 자, 두 번째는 이 세상의 나라에 속하는 자이다. 신의 나라에 속하는 자는 그리스도 속에 있고, 그리스도라는 근원에 있는 모든 참된 신앙인이다.

전자는 "이 세상의 칼도 법도 필요로 하지 않는다. 그리고 세상 모든 사람이 진실한 그리스도인, 즉 참된 신앙인이라면 왕도 제후도

---

78 죄에 떨어짐. 낙원에서 악마의 유혹을 받아 선악을 알게 하는 나무의 열매, 즉 금단의 열매를 따먹은 악마의 유혹을 받은 원조 아담과 하와의 불복종 죄를 말한다.(창세기 2:15~3:24). 여기서 교회의 원죄 교리, 죽음의 유전, 구원의 필연성에 관한 교리가 나왔다(로마서 5:12~21)-옮긴이

칼도 법도 필요하지 않으며, 아무 쓸모도 없을 것이다. … 올바른 자는 그 자신부터 모든 법이 요구하는 모든 것은 물론 그 이상을 하려 할 것이기 때문이다. … 그런 까닭에 이 둘의 통치를 분명하게 구별하여 양자를 존속시켜야 한다. 하나는 의롭게 하는 것이며, 또 하나는 외적 평화를 만들어 (세상에서) 나쁜 일을 저지하는 것으로 이 세상에서는 어느 한쪽이라도 없어서는 안 된다"[79] 왜냐하면 "칼과 권력이란 특별한 '예배(Gottes-dienst)'[80]로서 지상에 있는 다른 모든 사람보다 그리스도인에게 어울리는 것이기 때문이다. 그러니까 신께서 정해주신 결혼이나 농업, 그 외의 수공업과 마찬가지로 칼도 권력도 존중해야 한다."[81]

이 같은 제1부의 전제 위에서 루터(카스텔리오의 인용도)는 제2부를 시작한다.

> 이 세상의 권력은 그리스도교적으로, 또 구원을 위해 사용되어야 한다. 그것이 권력이 지상에 존재하는 이유다. 그렇지만 지금 우리는 이 세상에 존재하는 권력이 그 촉수를 지나치게 넓게 펼쳐서 신의 나라와 신의 통치를 침범하는 일이 없도록 해야 한다. 아울러 그 권력의 팔이 얼마나 길며, 그 손이 얼마만큼 넓게 펼쳐져 있는지도 배워야 한

---

79 徳善義和 譯『ルター著作集』第1集 5巻(聖文社, 1965), 146~150쪽.

80 여기서 예배는 신의 은혜에 대해 신께 봉사한다, 드린다, 헌신한다는 의미로 해석할 수 있다. 따라서 일반적 의미의 예배와 달리 예배의 다른 면인 신에 대한 인간의 응답, 곧 "신의 역사에 대한 답변"을 의미한다.-옮긴이

81 『ルター著作集』 160쪽.

다. 이런 사실을 아는 것이 무엇보다 필요하다.

왜냐하면 세상의 권력에 아주 넓은 영역을 부여하면 견디기 힘들 만큼 두려워해야 할 해악이 생겨나고, 사람들을 벌하는 경우도 지나치게 많기 때문이다. 그런데 그것을 지나치게 좁은 곳에 가두어두면 그 역시 해악이 없지 않지만 벌하는 경우는 거의 없다. 무엇보다 후자의 경우처럼 죄를 범하더라도 벌하는 게 거의 없는 쪽이 (사람들로서는) 더 견디기 쉽다.(거의 벌하지 않는 잘못을 범하는 편이 더 낫다.-카스텔리오). 왜냐하면 의인을 죽이기보다는 악당을 살려두는 것이 언제나 더 낫기 때문이다. 이 세상에 악당이 존재한다 하더라도 의인은 많지 않기 때문이다.[82]

아담의 모든 자식이 신의 나라와 이 세상의 나라 어느 쪽에 속하는지는 앞서 언급한 바와 같다. 루터는 두 나라를 다음과 같이 언급하고 있다.

(두 나라에는) 두 종류의 '각기 다른' 율법과 법이 있다는 것에 유의해야 한다. 즉 두 나라는 각각의 율법과 법이 있으며, 매일의 경험이 충분히 보여주는 것처럼 율법 없이는 어떤 나라도 어떤 통치도 성립될 수 없다. 이 세상의 통치는 신체와 재화, 지상에 있는 외적인 것을 넘어설 필요가 없는 율법을 가지고 있다. 왜냐하면 영혼에 대해서 신은 자신 이외에 누구도 대신 통치하게 할 수 없으며, 또한 그것을 바

---

82 위의 책 166쪽.

라시지 않기 때문이다. 그러므로 이 세상의 권력이 잘못하여 영혼에 율법을 적용하려 한다면, 그것은 신의 통치를 침범하는 것이며 영혼을 잘못 인도하여 파괴할 뿐이다. 이런 사실을 분명히 하여 사람들이 이것을 알도록 해야 한다. 영주와 제후, 주교들이 법률과 명령으로 사람들에게 믿게 하거나 그 믿음을 강제하려고 하면 그것이 얼마나 어리석은가를 알게 될 것이다.[83]

그의 이야기는 계속된다.

누구든 자신이 믿는 바는 자신이 책임을 지는 것이며, 또한 자신이 올바르게 믿는가는 스스로 확인하지 않으면 안 된다. 왜냐하면 나를 대신해서 다른 사람이 지옥이나 천국에 갈 수 없는 것과 마찬가지로 다른 사람이 나를 대신해서 믿거나 믿지 않을 수 없기 때문이다. 또 나를 위해 천국문과 지옥문을 열거나 열 수 없는 것과 마찬가지로 나를 신앙이나 불신앙으로 몰아갈 수 없다.
믿거나 믿지 않는다는 것은 개인의 양심에 따른 것이며 그로 인해 이 세상의 권력에 손해가 생기는 것이 아니기 때문에 권력도 그에 만족하고 자신들의 직무를 수행하면 된다. 따라서 사람들이 원하는 대로 어떤 것이라도 믿을 수 있게 해야 하며, 어느 누구도 권력으로 그것을 강박해서는 안 된다. 왜냐하면 신앙은 자유의 행위이기 때문이며, 어

83 위의 책 167쪽.

느 누구도 강제하는 것이 불가능하기 때문이다.[84]

루터의 이런 주장에 다음과 같은 반론이 나올지도 모르겠다.

"이 세상의 권력은 신앙을 강제하는 것이 아니다. 잘못된 가르침으로 사람들을 현혹시키지 못하도록 외적으로 막을 뿐이다. 만약 그렇게 하지 못한다면 어떻게 이단자를 막을 수 있단 말인가?"

이 반론에 대한 답변.

그 역할은 권력이 아니라 주교가 해야 한다. 그러한 직무를 명령받은 것은 주교이지 왕이나 제후가 아니다. 왜냐하면 이단은 결코 힘, 즉 권력으로는 막을 수 없기 때문이다. 거기에는 다른 방도가 필요하다. 여기서는 칼을 가지고 하는 것과는 다른 싸움과 논쟁이 있다. '신의 말씀'으로 싸워야 한다. 그렇게 할 수 없다면, 온 세상이 불(피)로 뒤덮인다 할지라도 이 세상의 권력은 자신의 직무를 완수할 수 없다. 이단은 영적으로 다루어야 하는 일이기 때문이다. 이단을 막는 일은 칼로 내리치고 불태우고, 물에 빠뜨린다고 해서 이룰 수 있는 것이 아니다. 그것은 오로지 신의 말씀을 통해 이루어질 뿐이다.[85]

이상은 루터의 유명한 『세속 권력에 대하여』 제2부에서 인용한 것으로, 사소한 차이를 제외하면 카스텔리오의 인용문은 루터를 충실

---

84 위의 책 170쪽.

85 위의 책 177쪽.

하게 재현하고 있다. 카스텔리오가 언급했듯이, 종교적 관용과 양심의 자유에 대한 초기 루터의 주장은 이상의 인용에서 충분히 파악할 수 있다.

지금까지 루터와 브렌츠, 그리고 익명의 저자가 제시한 관용론에 대해 살펴보았다. 이제 우리의 과제는 카스텔리오의 관용론을 그 근거와 논리 전개, 적용대상과 범위를 포함하여 좀 더 상세하게 검증하는 데 있다.

관용론의 내실과 근거

'중간시기 윤리'

지금까지 주로 『이단은 박해받아야 하는가』에 수록된 헌정사를 바탕으로 카스텔리오의 관용론에 대해 알아보았다. 다음으로 카스텔리오가 주장한 관용론의 구조와 골격에 대해 살펴보도록 하자.

첫 번째로 언급해야 할 것은 카스텔리오의 '중간시기 윤리'이다. 카스텔리오에 따르면, 우리가 살아가고 있는 시간은 그리스도의 죽음과 부활, 그리고 종말 시기의 재림과 심판 '사이의 시간(interim)'이기 때문에 그사이에는 결정적·궁극적 판단은 유보해야 한다는 것이다. 신학자들은 이를 '인테림의 윤리'(Interim Ethics, 잠정성의 윤리)라고 불러왔다. 그 근저에 있는 것은 "어떻게 하면 그리스도의 근본에 이를 수 있을까, 즉 어떻게 하면 그리스도의 삶에 따라 생활 방식을 바꿀 수 있을까를 논의"하는 쪽이 "그리스도의 신원이나 직무에 대해, 또 그리스도는 지금 어디에 계시고 무엇을 하며, 어떻게 해서 성부

오른편에 앉았는가, 어떻게 해서 아버지 신과 하나가 되었는가 하는 문제를 놓고 논쟁"하는 것보다 훨씬 더 중요할뿐더러 그리스도교적이라는 판단이다. 그와 같은 사유의 원천은 역사적으로는 중세 후기의 '새로운 경건'으로까지 거슬러 올라가며, 가깝게는 에라스뮈스에서 찾을 수 있다.[86]

애당초 인테림의 윤리는 판단 정지나 판단 자체의 방기를 의미하지 않는다. 카스텔리오는 판단은 하지만 중간시기에는 판단의 상대성을 스스로 엄격하게 확인해야 한다는 것이다. 그는 "우리가 신을 믿고, 그 아들인 예수 그리스도를 믿고, 자신의 양심에 따라 그 믿음을 섬긴다 하더라도 어떤 경우에는 무지한 탓에 오류에 빠지기도 하고, 때로는 잘못된 것처럼 보이기도 한다"[87]고 말한다. 이 같은 카스텔리오의 입장은 바꾸어 말하면 "자기상대화" 또는 "자기객관화"라고 할 수 있다.

다시 한번 강조하지만 카스텔리오는 모든 것이 상대적이기 때문에 모든 판단도 상대적이라고는 말하지 않는다. 모든 것을 상대적이라고 단정할 때 거기에는 일종의 절대화·일반화가 일어나기 때문이다. 그렇지 않아도 마지막 때의 완성을 기다리는 신앙은 사도 바울로의 말로 표현하면 "우리가 지금은 거울로 보는 것 같이 희미하나 그때에는 얼굴과 얼굴을 대하여 볼 것이요. 지금은 내가 부분적으로 아나 그때에는 주께서 나를 아신 것 같이 내가 온전히 알리라"(고린

---

86 *De haereticis*, 5쪽.

87 위의 책 11쪽.

도전서 13:12) 하는 신앙고백이나 다름없다.

인식의 세 근거

당연한지도 모르지만 이 같은 카스텔리오의 중간시기 윤리, 즉 판단을 유보하는 입장은 칼뱅의 동료이자 뒤에 그의 후계자가 된 테오도르 드 베즈의 강력한 반발을 불러일으켰다. 베즈는 카스텔리오를 "신회의파"(nouveaux acad miques, 아카데미쿠스 재건)"라고 비판했다. 아카데미쿠스는 고전 로마의 철학적 갈래 중 하나로, 모든 지식은 불확실하기 때문에 모든 인식 역시 불가능하다는 입장을 취했다.

『의심의 기술』은 독일어와 네덜란드어로도 번역·출간되었다.

베즈는 카스텔리오의 주장에 대한 반론을 『이단을 처벌해야 할 속권에 대하여, 마르티누스 벨리우스와 신회의파의 뒤섞임을 반박하는 책(De haereticis a civili magistratu puniendis libellus, adversus Martini Bellii farraginem, et novorum Academicorum sectam)』이라는 제목으로 출간했다. 이 책에 대해서는 뒤에서 다시 살펴볼 것이다.

이처럼 카스텔리오의 자기상대화는 성서에 바탕을 둔 것이지만 다른 한편으로는 그의 뿌리 깊은 인식론에서 온 것이었다. 카스텔리오의 저술 중 하나로 생전에는 출간되지 않은 『의심의 기술(De Arte Dubitandi et Confidendi Ignorandi et Sciendi)』[88]라는 대작이 있다.[89] 이 책의 라틴어 원전과 프랑스어 번역본이 나란히 출판된 것이 집필 후 4백년이 지난 1953년이었다는 것도 인상적이다. 카스텔리오는 "모든 탐구자가 의심해서 좋은 것, 믿어야만 하는 것, 무지가 허락된 것, 그래서 아는 것이 의무가 되어야 하는 사안"[90]을 변별하려 했기 때문에 그런 제목을 붙였다고 설명했다. 이는 어떤 의미에서 카스텔리오의 신학방법론이기도 하며, 좀 더 넓게는 인식론이라고 할 수 있다.

카스텔리오는 인간의 지식이나 인식의 원천으로 크게 세 가지를 들고 있다. 첫 번째는 "모든 인간의 눈에 명백하며, 성서를 모르는 사람도 이것을 거부하거나 부인할 수 없는 확실함"을 가진 "경험"이 바

---

88 직역하면 『의심의 기술과 믿음의 기술. 무지와 지의 방법에 대하여』이다.-옮긴이

89 Charles Baudouin, tr, ed. *De l'art de douter et de croire, d'ignorer et de savoir*(Geneve : Edition Jeheber, 1953)

90 위의 책 20쪽.

로 그것이다.[91] 그런 의미에서 카스텔리오의 인식론을 본질적으로 '경험론'으로 이해할 수 있는데, 그를 존 로크(John Locke, 1632~1704)의 선구자로 인정했던 베인톤(Roland Herbert Bainton, 1894~1984)의 견해는 꽤나 타당하다고 할 수 있다.

인식의 두 번째 원천은 "계시"다. "나는 계시를 인간의 증언(경험)과 대비시켜보았다"[92]고 카스텔리오는 말한다. 원래 그리스도교 신앙의 내실에 대해 논할 때 의미가 있는 것은, 그리스도교(계시)와 인간의 경험을 이처럼 대립 내지 절충시켜 그 결과를 이해하는 것이다. 그럼에도 불구하고 좀 더 근원적으로 이 대립 내지 절충을 가능케 하고, 의미 있게 만드는 것은 인식 일반의 세 번째 원천으로서 "이성(reason)"이 있기 때문이다. 카스텔리오는 이성을 "신의 딸"이라고까지 불렀다. 다음과 같은 카스텔리오의 문장은 이성에 대한 찬가나 다름없다.

> 이성은 신과 마찬가지로 종말이 없다. 그것은 영원한 말씀의 본질적인 일부이다. 성서와 제의에 앞서는 계시는 더욱 확실하다. 신이 과거에 인류를 가르쳐주신 것은 이성에 의한 것이었으며 … 미래에 인류를 지고(至高)의 인식으로 인도하시는 것도 이성에 의한 것이다. …
> 예수의 동시대인이 성서와 제의를 이성보다도 상위에 두었을 때 예수에게 그 비판을 가능하게 했던 것은 이성이었다. 예수가 안식일은 인

---

91 위의 책 20쪽

92 *De haereticis*, 120쪽.

간을 위해 있는 것이지 인간이 안식일을 위해 있는 것이 아니라고 주장했던 것(마가복음 2:27)도 이성에 따른 것이었다. 예수가 사마리아 여인을 향해 "성령과 진리 안에서 예배하라"(요한복음 4:24)고 했을 때 그것은 이성을 가리킨다. 이 말들은 성서 (다른) 어디 곳에서도 보이지 않는다. 이렇게 단언하는 것은 단지 이성뿐이다.[93]

관용론의 세 가능성

그렇다면 경험·계시·이성이라는 인식의 세 원천을 통해 어떠한 관용론을 수립할 수 있을까. 앞서 카스텔리오 관용론을 떠받치는 기둥으로 중간시기에 있어서 잠정성의 자각에 바탕을 둔 실천적·윤리적 경향, 본질-불가결한 것과 그렇지 않은 것과의 변별, 모든 판단의 상대성 등을 들었다.

이런 것들을 앞서 언급한 인식의 세 가지 원천과 엄밀하게 대응시키는 것은 곤란하지만 넓은 의미에서 세 개의 토대 위에 세운 세 기둥이라는 비유로 표현하는 것도 불가능하지는 않다. 예컨대 지금까지 인간의 "경험"도 성서에서 드러난 명백한 "계시"도, 그리고 보편적 인식 원리로서의 "이성"도 역시 종교적 관용을 가리키고 지지하는 것이다.

이 판단을 실증하기 위해 카스텔리오가 주장한 관용론의 논지를

---

93 위의 책 121쪽.

『이단은 박해받아야 하는가』의 다른 부분에서 살펴보도록 하자. 예를 들면 앞서 다룬 적 있는 라틴어 번역본 성서의 헌정사이다. 잉글랜드의 에드워드 6세 앞으로 된 이 헌정사에서 카스텔리오가 제시한 관용론의 근거는 주로 중간시기 윤리의 잠정성이었다. 이는 바로 위에서 언급한 인식의 세 원천으로 말하면 성서, 그중에서 신약에서 말하는 신의 계시와 그 부름을 받은 인간이 응답하는 태도와 관계가 있다.

카스텔리오는 이 시대의 종교상의 문제를 둘러싸고 벌어지는 많은 논의가 어떤 경우에는 모세의 율법을 따르기보다는 복음적 권고에 따라 타인을 재판하지 않으려 한다고 말한다. 만약 누군가를 재판한다면 자신도 재판을 받아야 하며, 같은 저울로 똑같이 헤아림을 받게 될 것이기 때문이다.[94] 여기서는 "구약보다는 신약"이라는 급진적 종교개혁의 공통적 태도가 명확하게 드러난다. 구약과 신약의 두 계약이 가진 연속성보다는 비연속성이 강조되는 것이다. 그러나 카스텔리오는 단순히 여기에 머무르지 않는다.

> 내 생각으로는 오히려 로마법의 '잠정성의 원리(jus vindicijs)'를 따르는 것이 좋다. 이는 다음과 같다. 만약 누군가 지금까지 자신을 자유

---

94 이는 신약성서 누가복음 6장 37~8절에 나오는 말이다. "비판하지 말라. 그리하면 너희가 비판을 받지 않을 것이요. 정죄하지 말라. 그리하면 너희가 정죄를 받지 않을 것이요. 용서하라. 그리하면 너희가 용서를 받을 것이요. 주라 그리하면 너희에게 줄 것이니 곧 후히 되어 누르고 흔들어 넘치도록 하여 너희에게 안겨 주리라. 너희가 헤아리는 그 헤아림으로 너희도 헤아림을 도로 받을 것이니라."-옮긴이

인이라고 여겨왔는데, 노예라고 주장하는 사람들에 의해 법정에 끌려 나오게 되었다면, 재판이 진행되는 사이에는 잠정적으로 자유가 인정되어 … 결과가 명확해져서 판결이 내려지기 전까지는 자유인의 신분으로 머물러 있는 것이다.[95]

이런 카스텔리오의 입장은 성서에서 말하는 계시와는 아무런 관계가 없는 경험에서 나온 것이다. 그러나 이러한 경험에서도 배울 수 있다. 카스텔리오는 이렇게 말한다.

그렇다면 그보다도 훨씬 더 중대한 종교상의 문제에 대해 의로운 심판자가 오기를 기다릴 때는 타인에 대한 단죄에 좀 더 주의를 기울여야 한다. 종교상의 문제는 애매해서 종종 수수께끼처럼 보이기도 한다. 이미 1천 년 넘게 많은 문제를 논의해왔음에도 불구하고 단 한 가지도 결론을 내리지 못하지 않았는가.[96]

여기서는 이성의 궁극적 목표를 무지의 자각에 찾았던 그리스 철학의 전통이 살아 있다고 말할 수 있지 않을까. 거기에서 탄생한 자기억제, 나아가 경험이 알려준 강요의 무익함, 그리고 성서의 계시가 "말씀"으로 명령한 관대함과 상호 수용—이 같은 경험·계시·이성이라는 세 개의 기둥 위에 성립된 카스텔리오의 관용론이 그 후 관용

---

95 *De haereticis*, 121쪽.

96 위의 책 121쪽

론의 기본적 방향을 제시하게 된 것은 지극히 당연한 귀결이라 할 것이다.

박해의 논리-앎(知)의 불확실성

교회사가인 베인톤은 종교와 관련된 사안에서 강제를 유효·필연적인 것으로 보는 지금까지의 논거를 다음과 같이 정리하고 있다.

> 원래 박해를 정당화하기 위해서는 자신이 올바르고, 문제가 되는 사안이 중대하며, 강제가 유효하다는 세 가지 점을 확신하지 않으면 안 된다.[97]

첫 번째 논점에서 말하는 올바름이란 자신이 진리를 '소유' 혹은 '독점'하고 있다는 확신이다. 자신이 가진 인식이 진리이며, 타자가 진리를 갖고 있지 않다면 진리 그 자체의 성격에서 비진리의 소유자에게 진리를 '전파' 또는 '강요'할 필연성도 생겨난다. 이 점에 대해 카스텔리오는 앞서 베즈의 『이단을 처벌해야 할 속권에 대하여』에 대한 재반론서인 『이단은 속권으로 처벌해서는 안 된다』의 서두에서 자신의 견해를 명확하게 밝히고 있다.[98]

---

97 Ronald H. Bainton, *The Reformation of the sixteenth century*(Beacon, 1966)의 일본어역 『宗教改革史』(新教出版社, 1998) 235쪽.

98 Ed. M. Valkhoff(Genève, Droz, 1971)

벨리우스(카스텔리오)가 '신아카데미쿠스파'라는 베즈의 비난에 대응하면서 카스텔리오는 다음과 같이 말한다. 덧붙이면 이 시대에 '아카데미쿠스파'라는 명칭은 플라톤이 철학을 가르쳤다는 '아카데모스 정원'에서 나온 것으로 플라톤 철학 일반을 지칭한다.

베즈여. 첫 번째로 그대는 철학자들 사이에서 가장 훌륭한 학파를 비난했으며, 두 번째로는 오랜 옛날부터 존재해왔던 것을 '신(新)'이라고 불렀으며, 세 번째는 벨리우스와 그 동료들에게 거짓된 것을 강요하고 있다. 그리고 마지막으로 아카데미쿠스라는 명칭은 (그대가 비난하는) 사람들보다는 오히려 그대 자신에게 더 어울린다.

첫 번째 문제에 대해 이야기하면, 그대도 알다시피 아카데미쿠스의 목표와 기초는 앎의 불확실함(그래서 그들은 모든 것이 불확실하다고 생각했다)을 확신하거나 그에 대해 동의하는 것이다. 그들은 불확실한 것을 확실하다고 단정하는 잘못을 저지른 뒤에 "나는 알지 못했다"고 말해야 하는 것을 두려워했기 때문이다. 실제로 "나는 불확실한 것은 단언하지 않겠다"는 이 근본주의는 건전하고 올바른 판단력을 가진 사람이라면 어느 누구도 부인하지 못할 것이다.

이러한 견해를 가진 철학 분파의 주요한 인물은 저 유명한 소크라테스인데, 그는 "나는 내가 모른다는 사실을 알고 있다"고 말함으로써 칭찬받았다. 그는 그리스도의 빛을 보지 못해 깊은 암흑 속에 있었으며, 신에 대해서는 무지했다. 따라서 명백한 사항에 대해서는 이런 사람들이 대단히 극단적이라는 것을 나는 용인할 수 있다. 그러나 불확실한 것을 단언할 위험보다는 확실한 것이라 할지라도 단언하지 않는 쪽의 위험이 더 적다는 것을 그대로 인정하지 않을 수 없을 것이다. … 신중한 무지는 타인에게 경솔할뿐더러 억지를 부리는 많은 지식보다는 훨씬 더 나을 것이다. …
베즈여, 모든 것을 단언하는 자들의 지식이 어떤 결과를 낳았는지 보지 않았는가. 그런 문제는 철학자들뿐만 아니라 신의 백성-나는 유대인이라고 생각하지만-도 일으켰다. 그들이 성스러운 문자 지식에 한껏 자만해서 신의 예언자들, 사도들, 그리고 마침내는 신의 아들마저도 죽음에 빠뜨리지 않았는가.[99]

요컨대 이 중간시기의 잠정윤리는 불확실한 것을 확실하다고 단정하기보다는 확실한 것일지라도 단언하지 않는 쪽이 손해가 더 적다는 것이다. 따라서 이런 입장에서 보면, 진리의 독점성에 대한 주장은 나올 수가 없다. 과거 역사에서 자신이 가진 진리가 "확실하다"고 단정했음에도 불구하고 실제로는 그렇지 않았던 사례를 수없이 많이 보지 않았던가. 이 같은 내용을 앞서 소개한 라틴어 성서 번역본의 '헌정사'에서 인증하면 다음과 같다.

모든 종파는 자신의 종교가 신의 말씀에 따르고 있다고 생각하고, 확실하다고 주장한다. 칼뱅은 자신의 신앙이 확실하다고 하고, 그와 다른 사람들은 자신들의 신앙이 확실하다고 주장한다. 칼뱅은 다른 사람들이 잘못을 범했다며 그것을 재판하려 하지만, 그것은 다른 사람

---

99 위의 책 224~225쪽.

> 들의 경우에도 마찬가지다. 그렇다면 누가 재판관이 되어야 할까. 도대체 누가 칼뱅을 재판관으로 내세우고, 다른 모든 종파의 중재인으로 삼아 그에게만 생사여탈권을 줄 수 있을까.
> 그는 신의 말씀을 자신이 가지고 있다고 말한다. 그러나 (칼뱅과 같은 논리라면) 다른 사람도 신의 말씀을 가지고 있다. 만약 어떤 사안이 확실하다고 한다면 대체 누구에 의해 확실한 것인가. 그는 자신이 모르는 것은 없다고 말한다. 그는 마치 하늘나라에 있는 것처럼 말한다. 그러나 만약 그렇다면 무슨 이유로 그는 그토록 많은 저술에서 명백한 진리에 대해 쓰고, 자신이 말하려는 바가 절대적으로 확실하다는 것을 설명하기 위해 그처럼 많은 저서를 출판했는가.[100]

자신만이 올바르다는, 진리를 소유 혹은 독점하고 있다는 확신은 그리스도마저 죽음에 이르게 하였다. 잘못된 확신은 이토록 위험한 것이다. 이렇게 해서 첫 번째 논거는 확실하게 분쇄되었다.

진리의 다양성

박해의 두 번째 근거는 첫 번째 근거와 깊은 관련이 있다. 즉 현재 논의하고 있는 사안이 중대하며, 그 '올바른' 이해가 구원에 불가결

---

100 이 글은 카스텔리오 자신의 『이단은 박해받아야 하는가』에는 생략되어 있다. 인용은 Bainton, *The Travail of Religious Liberty* 114~115쪽.

하다는 주장이다. 공동체 자체의 존립이 위협받는다고 생각할 때 박해가 일시에 급격하게 증가하는 것은 당연한 일이다. 그에 비해 신앙의 자유를 변호하는 사람들은 사안의 중대성에 그 단계나 차원을 설정하여 구원을 위해 반드시 '알아야 하는 사안'과 '그렇지 않은 사안'을 구별한다. 즉 구원에 이르는 '근본조항(fundamenta)'과 '비근본조항(indifferentiae)'을 변별하는 것이다.

지금까지 카스텔리오가 '비근본조항'으로 열거한 사안을 여러 차례 살펴보았다. 『이단은 박해받아야 하는가』의 머리말에서 언급한 세례·성찬·성도기원·의인(義認)·자유의지 등이 있고, 또 삼위일체론, 그리스도론, 그리스도의 지옥강하(카스텔리오가 제네바에서 추방된 직접적 원인이 되었다), 그리고 더 넓게는 사후 영혼의 상태 등도 여기에 포함된다.[101] 이러한 신학명제들이 16세기 신앙분열 시대에 가톨릭과 개신교, 나아가 개신교 각 종파 사이에서 격렬한 논쟁의 주제가 되었다.

세례만 하더라도 자각적 신앙고백이 배제된 유아세례가 구원에 이르는 효력을 가질 수 있는지 여부가 논쟁의 주제가 되었고, 성찬의 경우에는 미사의 성서적 근거를 비롯해 루터파와 스위스 개혁파 사이에서 그리스도의 몸이 성찬식 때 빵과 포도주에 어떤 형태로 임재(臨齋)하는가를 놓고도 격렬한 논쟁이 벌어졌다. 이는 단순한 신학 논쟁만이 아니라 정치적으로도 중대한 문제였다.

성도기원의 경우에는 자신의 구원에 필요한 이상으로 공적을 쌓

---

101 *De haereticis*, 5쪽.

는 것이 가능한가, 그것을 교회의 권한으로 인정할 수 있는가 하는 것이 문제가 되었다. 또 성모를 비롯한 성인에게 기원하는 것이 (신의) 허락을 받은 것인지 하는 질문은 의인론(義認論)과도 연결되었다. 의인 역시 신앙과 실천(행함)을 둘러싸고 "오직 신앙"인가 "신앙과 선행"인가를 놓고 많은 논쟁이 벌어진 주제였다. 자유의지의 문제는 아담이 타락한 이후에도 인간의 의지는 자유는 물론 구원을 바라는 힘도 가지고 있는가 하는 물음인데, 이 논제를 놓고 가톨릭과 개신교, 또 에라스뮈스와 루터 사이에서 격렬한 논쟁이 벌어졌다. 그리고 가장 중요한 논쟁의 주제였던 삼위일체론이나 그리스도론에 대해서는 이미 세르베투스를 통해 살펴본 바 그대로다.

만약 이러한 명제를 구원의 '비근본조항'으로 생각한다면 반대로 '비근본조항이 아닌 반드시 수용해야 하는 조항'은 어떤 것일까. 다시 한번 『이단은 박해받아야 하는가』에서 인용하면, 전능한 성부의 존재, 그 아들 그리스도를 향한 신앙, 성령의 활동, 성서의 계명이다.[102] 요약하면 삼위일체 신에 대한 고백과 성서의 윤리, 즉 '신앙과 생활'인 것이다. 이는 훌륭한 그리스도교적 고백이다.

그러나 이러한 고백을 넘어 같은 성서(구약)에 기원을 둔 세 종교-유대교, 그리스도교, 이슬람교-공통의 '근본조항'에 대해 생각해봐야 할 것이다. 16세기 유럽에서 생각할 수 있는 세계종교를 관통하는 '근본조항'은 어떤 것이었을까. 앞서 『이단은 속권으로 처벌해서는 안 된다』에서 카스텔리오는 이렇게 말한다.

---

102 위의 책 20쪽.

> 유일신의 존재를 부정하는 명백한 신성모독은 자연의 이법(理法)을 위반하는 것으로서 모든 국민이 그런 사실을 판단할 수 있기에 위정 당국자는 이것을 처벌할 수 있다. … 그러나 이 같은 신성모독은 특정한 신학자의 해석에 따른 것이 아니라 모든 국민의 상식에 따라 판단되어야 한다. 그렇지 않으면 루터는 츠빙글리를, 츠빙글리는 루터를 신성모독으로 간주하게 될 것이다.[103]

선한 유일신이 존재하는 것, 신이 이 세상을 창조했다는 것, 영혼이 불멸하는 것, 보편적 도덕법이 존재하는 것-16세기 사람들은 이런 것들을 "확고한 진리"로 받아들였다. 그렇기 때문이 이 진리를 부정하는 것은 단순히 이단에 그치지 않고 위당정국자의 처벌의 대상이 되는 '신성모독', 즉 무신론과 같은 것으로 여겼다는 점에서 카스텔리오 역시 그 시대의 아들이었다. 위정당국자가 이 같은 "불신자(impii)"를 처벌하는 것이 당연하다고 카스텔리오는 시사했다. 이렇게 보면 카스텔리오의 관용론 역시 16세기 유럽 세계라는 특수한 시공간의 제약 속에 있었던 것만큼은 분명하다.

강제의 무효성

마지막으로 박해의 논리를 구성하는 세 번째 기둥인 "강요는 유효

---

103 위의 책 392쪽.

CONSEIL A
la France de-
ſolée.

AVQVEL EST MON-
ſtré la cauſe de la guerre preſente, & le
remede qui y pourroit eſtre mis: &
principalement eſt auiſé ſi
on doit forcer les con-
ſciences.

L'an 1562.

『딱한 프랑스에 바치는 충고』(1562)

할뿐더러 유익하다"는 논제에 대해 카스텔리오는 어떻게 답을 하고 있을까. 여기에서 살펴볼 것은 카스텔리오가 1562년 10월에 프랑스어로 펴낸 『딱한 프랑스에 바치는 충고(Conseil à la France désolée)』라는 저술이다.[104]

1560년 초기에 프랑스는 왕위에 있던 발루아가와 이에 대항했던 부르봉가, 샤티용가, 그리고 강력한 가톨릭 세력과 결부된 기즈가 등이 갈등을 봉합하고 있었으며, 1550년 이후로는 '위그노(Huguenot)'로 불리던 개신교 집단이 점차로 세력을 넓혀가고 있던 시기였다. 위그

---

104 二宮敬 譯「惱めるフランスに勸めること」(『フランス·ルネサンス文學集』 世界文學大系, 筑摩書房, 1964)

바시 학살(1569, 목판화)

노는 1559년 비밀리에 파리에 모여 '프랑스 고백선언'과 '교회훈련규정'을 채택하고, 남프랑스를 중심으로 '왕국 내 왕국' 건설에 나섰다. 당시 어린 왕이었던 샤를 9세(Charles IX, 1550~1574)를 대신해 권력을 장악했던 메디치 가문 출신의 카트린 드 메디시스(Catherine de Médicis, 1519~1589)는 위그노에 유화책을 펼쳤다.

1561년 9월에는 푸아시의 한 수도원에서 가톨릭과 개신교의 신학자들이 모여서 종교토론[105]을 열었는데, 이 자리에는 베즈도 참가했다. 그리고 이듬해 1월에는 야외집회에 한해 위그노에게도 예배의

---

105 화해를 위한 회담(Colloquy of Poissy)이라고 부른다. 회담의 주최자는 카트린 드 메디시스였고, 그녀의 아들인 국왕 샤를 9세가 열한 살의 나이로 그 자리에 참석하였다.-옮긴이

자유가 허락되었다. 그러나 이런 조치에 불만은 가진 가톨릭 측에서는 1562년 3월 기즈가의 병사들을 동원하여 바시의 위그노 집회를 공격하였다.[106] 이 사건, 즉 바시 학살을 기화로 이후 30년간 종교전쟁의 불길이 끊이지 않고 타올랐다.

종교전쟁 과정에서 최악의 사건으로 유명한 성 바르톨로메오 축일의 학살[107]이 일어나기 10년 전의 일이었지만 카스텔리오는 그와 같은 비극적 사건의 징후를 일찍부터 감지하고 있었다. 카스텔리오는 이렇게 말한다.

> 그대의 병환, 즉 그대를 괴롭히는 반란과 전쟁의 주요하고 실질적 원인은 내가 본 바로는 '양심의 폭력적 침해'에 있다.[108]

그렇게 말하고 카스텔리오는 1560년 3월에 일어난 위그노의 쿠데

---

106 바시 학살(Massacre of Vassy)이라고 부른다. 1562년 3월 1일 파리 부근 바시에서 가톨릭 측인 기즈가의 군대가 예배 중이던 위그노들을 습격하여 수십 명을 학살한 사건이다. 이 사건이 계기가 되어 종교전쟁이 시작되었다.-옮긴이

107 1572년 성 바르톨로메오의 축일인 8월 24일부터 10월 사이에 가톨릭교도들이 프랑스 전역에서 칼뱅파 개신교도인 위그노를 학살한 사건. 가톨릭과 위그노파 사이에 격렬한 종교전쟁이 지속되자 샤를 9세의 여동생 마르가레타(가톨릭)와 앙리 왕자(후에 앙리 4세, 위그노)의 결혼을 통해 평화 회복을 시도했다. 그러나 카트린은 위그노가 모반을 꾸몄다는 허위 정보를 근거로 앙리 왕자에게 위그노 섬멸을 설득하였다. 이 계획에 따라 결혼식 축하를 위해 성 바르톨로메오 축일에 파리에 도착한 많은 위그노들은 영문도 모른 채 참살당하였다. 축일 다음날 샤를 9세가 학살 금지명령을 내렸음에도 불구하고 프랑스 전역에서 학살이 자행되었으며, 그해 10월까지 유혈사태는 지속되었다.-옮긴이

108 二宮敬, 276쪽.

타 기도를 비롯한 일련의 종교전쟁이 "다른 문제가 얽혀 있다고 해도 이 전쟁의 주된 원인은 각기 자신의 신앙을 옹호하려 했기 때문이다. 이 진실을 인정해야 한다." 따라서 "현재 싸움의 원인은 신앙의 강제, 양심의 침해에 있다고 결론"[109]내린다.

양심의 자유와 강요의 무익함

이어서 카스텔리오는 가톨릭과 개신교 쌍방을 향해 '양심의 침해'를 실제 사례를 통해 고발한다. 개신교는 가톨릭을 향해 이렇게 말한다.

> 교황을 믿으려 하지 않고, 미사나 연옥 따위를 믿으려 하지 않았다는 이유로 그들을 추방하고 감옥에 집어넣고, 이와 벼룩이 들끓는 지하 감옥에 유폐하고, 진흙 바닥에 뒹굴게 하고, 무서운 죽음의 어둠 속에 가두어놓고 결국에는 그토록 오랫동안 고통을 준 뒤에 산 채로 불태워 죽였다.

그리고 "이런 제도는 성서 어디에 근거가 있는가. 그 명칭조차도 성서에서는 찾아볼 수 없다. … 그들은 가톨릭교도라고 자칭하고 성서에 기록된 보편적(가톨릭) 신앙을 지킨다고 공언해왔다. 그런데도

---

109 위의 책 278쪽.

성서에 기록된 것 외에는 믿으려 하지 않는 사람들을 이단으로 간주하고 산 채로 화형에 처하지 않았는가" 하고 비판한다.

그래서 카스텔리오는 "자신의 양심에 귀 기울이고, 다른 사람의 양심을 침해하지 않는 것을 배워야 한다. 자신이 아주 작은 피해도 견디지 못한다면 그 이상의 해를 다른 사람에게 끼치지 않도록 해야 한다"[110]고 말한다. 자신의 양심이 침해당하는 것을 참지 못한다면 다른 사람의 양심도 침해하지 않도록 유의해야 한다는 것이다.

한편 그토록 통렬하게 가톨릭을 비판하는 개신교를 향해서는 이렇게 말한다.

> 과거 여러분은 교회를 위해 견디기 힘든 박해를 감내해왔으며, 여러분의 적을 사랑하고 악을 선으로 대하였으며, 저주하는 자들에 맞서 도망치는 것 외의 다른 저항도 하지 않았으며, 그들에게 신의 은혜가 있기를 기도하였다. … 그런데 지금 여러분 중 어떤 사람들에게서 볼 수 있는 뜻밖의 변화는 도대체 어떻게 된 것인가. …
>
> 설교 중에 그들(가톨릭)을 억지로 끌어내어 이치에 합당하지 않게 비판하고, 또 몇몇은 그들의 양심을 강제로 굽히게 함으로써 그들과 피를 나눈 형제와 신앙으로 맺어진 형제들을 향해 무기를 들게 하였다.
>
> 개신교가 빠져 있는 잘못은 세 가지이다. 피를 흘리게 하는 것, 양심을 강제하는 것, 자신들의 교리와 완전히 일치하지 않으면 신을 믿지 않는 것으로 간주하여 범죄자로 취급하는 것이다. 왜 여러분은 이 세

---

110 위의 책 278~280쪽.

가지 점에서 자신들의 적, 언제나 반그리스도라고 부르는 자들을 모방하고 있다는 사실을 깨닫지 못하는가.[111]

이제는 신앙에 대한 강요가 얼마나 쓸모없는 일인지 하나씩 따져 보도록 하자. 우선 신앙을 강요하는 것은 창조 질서와 모순된다.

만약 신이 신앙의 강제를 명령한다면 제일 먼저 스스로 창조한 자연과 모순될 것이다. 자연은 어떤 규칙, 즉 '인간이 원치 않는 것은 인간에게 하지 않는다'는 규칙이 만인의 마음속에 깊이 각인되어 있다. 따라서 이 규칙을 어기는 것은 악이라고 인정하지 않을 만큼 모든 지혜와 동떨어진 인간은 한 사람도 없을 것이다.[112]

여기에서 앞서 언급한 인식의 원천으로서의 이성과 경험이 생겨난다.

두 번째로, 양심의 침해는 신의 계명과 모순된다. 즉 신구약성서에 등장하는 수많은 사례를 배반하는 것이다.

구약이든 신약이든 여러분처럼 양심에 폭력을 가했거나 가하려 했던 성도를 발견할 수 없었다. 아니 성도는커녕 단 한 사람도 그런 예가 없다. 만일 그런 실례가 있다 하더라도 그것을 전례로 흉내 내거나

---

111 위의 책 281~282쪽.

112 위의 책 286쪽.

따라 해서는 안 된다. 왜냐하면 그것은 이성에 어긋날 뿐 아니라 신의 계명을 배반하는 행동이기 때문이다.[113]

여기에서 바른 인식의 원천으로서 이성과 계시를 강하게 의식했다는 것을 알 수 있다.

만약 구약성서에서 신의 계명을 배반하는 것처럼 보이는 실례를 여기저기서 조금씩 보았다 하더라도 지금 우리는 신약의 시대에 살고 있다.

우리는 그리스도 아래에 있기에 다른 이들이 무언가를 말하고 무엇을 하려 해도 우리는 그리스도의 가르침과 실례를 따라야 한다. 성부는 우리에게 그리스도는 사랑하는 아들이라고 말씀하셨기에 우리는 그의 말씀에 귀를 기울여 복종해야 한다.[114]

강제가 무익하다는 것은 성서 밖의 실제 사례에서도 분명하게 드러난다. 구약시대에 이방인에게 할례를 강요한 것, 더 가깝게는 이베리아 반도 탈환 후에 무슬림에게 세례를 강요한 예 등이 있다.

강제를 통해 얻은 것이 무엇이었는가. 결국 위선의 무리와 사이비 신자를 낳았을 뿐이며, 그 때문에 오히려 그리스도의 이름은 더럽혀졌다.

---

113 위의 책 288쪽.

114 위의 책 288쪽.

한발 양보해서 이러한 강제를 통해 크고 많은 선(善)이 생겨났다 하더라도 그 방법이 올바른 것은 아니라고 하지 않을 수 없다. 선을 이루기 위해 악을 행해서는 안 된다고 성 바울로는 가르치지 않았던가.[115]

결국 종교 문제에서 강제는 어떤 결과를 초래했는가. 육체의 살해, 영혼의 파멸, 자신과 타인의 신앙의 좌절, 게다가 이교도에게 설득은커녕 참혹한 결과를 낳았을 뿐 아무런 실효도 거두지 못했다.

따라서 신자를 늘리는 것만을 염두에 두고 그것을 위해 사람들을 강제하는 자는 얻는 것보다 잃을 것이 더 많을 것이다. 적은 양의 포도주가 들어 있는 술통을 가진 어리석은 사람이 더 많은 술에 욕심이 나서 술통에 물을 가득 채우면 포도주는 늘어날지 모르지만 원래부터 있던 질 좋은 포도주까지 버리게 된다. 그리스도 신자 수를 늘리려는 사람들도 마찬가지다. 어쩌면 숫자를 늘리는 것이 가능할지도 모르지만 선량한 사람들마저 망쳐버리고 말 것이다.[116]

---

115 위의 책 289쪽.

116 위의 책 292쪽.

이단 개념 재론

다음으로 카스텔리오는 지금까지 여러 차례 거론해왔던 이단 개념의 근본적인 재검토를 향해 나아간다. 요컨대 이단이라는 말은 원래 종파나 학파를 의미하는 것으로, "따라서 이단자란 원래 어떤 파에 속한 사람을 뜻한다. 과거 철학자들 사이에서는 플라톤학파, 아리스토텔레스학파, 스토아학파, 에피쿠로스학파 등이 있었고, 유대왕국에서는 바리사이파, 사두가이파, 에세네파, 나사렛인, 레갑인 등이 있었으며, 지금에 와서는 그리스도교의 모든 파, 즉 로마가톨릭, 그리스정교, 그루지아 정교(조지아 교회), 루터파, 츠빙글리파, 발도파,[117] 재세례파를 비롯한 여러 파가 있다."[118]

문제는 이단에게 '올바른' 신앙을 강요해야 하는가, 그렇게 하는 것이 유효하고 유익한가 하는 것이다. 강요가 옳다고 주장하는 사람들은 그 근거로 이단을 방임할 경우에 생길 수 있는 위험을 든다.

이단을 살려두었을 때 발생할 수 있는 좋지 못한 상황에 대해 말하지

---

117 12세기 말 리옹의 종교개혁가 피에르 발도(Pierre Valdo)를 통해 남프랑스에 세워진 신앙공동체로 주로 남프랑스와 북이탈리아 등으로 전파되었다. 발도가 회심해서 재산을 버리고 거리에서 설교한 것이 시작이었다. 이후 소교단을 설립하였으나 교황청으로부터 이단 판정을 받았다. 복음서의 정신에 따라 청빈을 이상시하여 가톨릭교회의 부패를 비판하였는데, 그로 인해 이들을 종교개혁의 선구자들로 보는 시각이 있다. 오늘날에도 이탈리아 등지에서 하나의 공동체를 이루며 살아가고 있다.-옮긴이

118 二宮敬, 298쪽.

않을 수 없다. 그런 상황은 두 가지 문제를 일으킬 수 있다. 첫 번째는 폭동이나 반란이며, 두 번째는 이단자들이 설파하는 잘못된 가르침이 전파될지도 모른다는 것이다.[119]

그러나 이 두 가지 모두 근거가 없다는 것은 과거의 경험이 실증하고 있다. "반란은 이단자들을 구속하지 않고 살려두기보다는 폭력을 써서 죽이려 하기 때문에 발생하는 것이다. 압제는 반란을 부르기 때문이다." 두 번째는 이단자가 잘못된 가르침이나 주장을 유포할 위험이다.

이는 무언가 대책을 마련해야 할 고약한 상황이라는 것은 나도 충분히 인정한다. 그러나 고치고 싶은 병보다 오히려 약이 환자에게 해를 끼치지 않는지 주의를 기울이는 것이 핵심이다. 그런데 현재 쓰고 있는 약, 즉 이단자에 대한 학대와 살육은 병 그 자체보다 훨씬 악질적인 해악이다. 지혜가 있는 사람은 두 개의 악을 모두 피할 수 없는 경우에 작은 악을 선택한다. 지혜가 있는 의사는 환자를 죽이기보다는 병을 내버려두고, 지혜가 있는 농부는 잡초 때문에 좋은 보리까지 모두 솎아내 버리기보다는 잡초가 그대로 자라도록 내버려둔다. …
말하자면 오늘날 그리스도교에는 많은 교파들이 나타나서 상당히 박식하지 않으면 그 하나하나를 열거할 수 없을 정도며, 게다가 각 교파가 각기 자신들이야말로 진정한 그리스도인이며 다른 교파는 이단이

---

119 위의 책 305쪽.

라고 생각한다. 따라서 만약 우리가 이단자를 탄압하는 법률을 인정해버리면 우리는 미디안인처럼 동포를 상대로 한 골육상쟁의 싸움에 휘말려 서로를 물어뜯고 잡아먹는 것이나 다름없게 되어, 결국에는 성 바울로가 말한 것처럼 서로 멸망에 이르고 말 것이다. 이것이야말로 또 하나의 고약한 상황으로 어디에 견줄 수 없을 만큼 커다란 불행이다.[120]

카스텔리오의 결론은 다음과 같다.

양심을 강제하는 것을 멈추어라. 신앙을 이유로 사람을 죽이는 것은 물론이고 박해하거나 뒤쫓는 것도 그만두어라. 그리스도를 믿고 성서를 받아들인 사람들에게 다른 사람의 신앙이 아닌 그들 자신의 신앙에 따라 신을 섬기는 것을 허락하라.[121]

---

120 위의 책 305~306쪽.

121 위의 책 308쪽.

TOLÉRANCE

CASTELLIO

4장

신앙과 양심의 자유를 위하여

Sebastianus Castalio

모든 논쟁의 결론 : 관용

칼뱅 '변증론'과 카스텔리오의 비판

세르베투스가 처형된 지 불과 몇 개월 지나지 않은 1554년 2월 말, 칼뱅은 처형을 정당화하는 장문의 변명서를 공개했다. 『거룩한 삼위일체의 정통신앙 변증. 스페인인 미카엘 세르베투스의 터무니없이 그릇된 교설 반박. 이단은 마땅히 칼로 근절되어야 함』이라는 제목의 변명서에서, 칼뱅은 단기간에 급히 쓴 이 글에서 자신의 뜻을 충분히 피력하지 못했기에 오히려 오해를 낳을 우려가 있다고 하면서도 대략 다음과 같은 논지를 전개하고 있다.[1]

이 글의 요지는, 신의 영광을 훼손하고 그 영광을 모욕하려는 자를 위정당국자가 징계하는 것은 합법적일 뿐 아니라 오히려 요구된

---

1 *Calvini Opera* Ⅷ 453~500쪽. *Defensio orthodoxae fidei de sacra Trinitate, contra prodigiosos errores Michaelis Serueti Hispani : ubi ostenditur haereticos jure gladii coercendos esse. Doumergue, Jean Calvini* Ⅵ 409~412쪽.

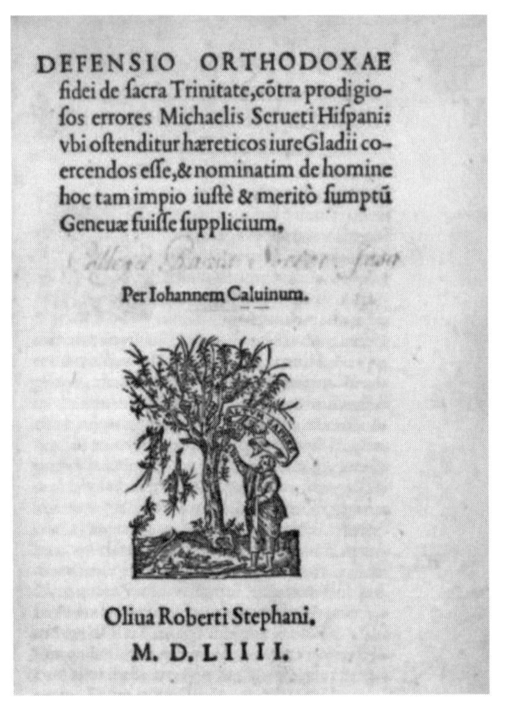

DEFENSIO ORTHODOXAE
fidei de ſacra Trinitate,cōtra prodigio-
ſos errores Michaelis Serueti Hiſpani:
vbi oſtenditur hæreticos iure Gladii co-
ercendos eſſe,& nominatim de homine
hoc tam impio iuſtè & meritò ſumptū
Geneuæ fuiſſe ſupplicium.

Per Iohannem Caluinum.

Oliua Roberti Stephani.
M. D. LIIII.

『거룩한 삼위일체의 정통신앙 변증』 (1554)

다는 주장이다. 칼뱅에 따르면, 이 점은 장황하게 논증할 필요가 없으며, 그 이유는 사람들 사이의 정당한 질서 유지는 위정당국자의 권리이자 의무이기 때문이다. 한마디로 그는 신의 영광이 문제가 되는 경우 모든 인간적 배려는 무시할 수밖에 없다는 것이다.

칼뱅은 이 같은 대전제에 대한 반론이 제기될 것이라는 사실을 충분히 예상했다. 첫 번째로 진리라는 것은 육(肉), 즉 인간의 힘으로 유지될 수 없다는 반론이다. 여기에 대해 칼뱅은 "신앙이 인간적으로 말을 능숙하게 하는 것으로 구축되었다면 그것이 부조리하다는 것은 나 역시 용인할 수 있다. … 진리는 오로지 신의 손에 의해서만 지탱되는 것으로, 인간의 도움은 조금도 필요하지 않다. 십자가를 바탕으로 승리를 거둔 것은 사실이지만 그럼에도 불구하고 신이 허락할 때 어느 정도의 도움은 가능할 것이다"라고 말한다.

그리고 두 번째로 "인간은 신앙을 강요할 수 없다. 신앙은 자발적이고 유연한 복종이기 때문이다"는 문제 제기도 나올 것이다. 이에 대한 칼뱅의 반론은 다음과 같다. "여기에서 묻고 있는 것은 이단을 믿음이 강한 신앙으로 되돌리게 하는 것이 아니라 신에 대한 모욕을 벌하는 것이다. 군주와 제후들이 인간의 마음속으로 들어가 신에게 순종을 다하도록 마음을 흔들어놓을 수는 없지만, 그럼에도 그들의 천직은 신의 이름이 매도당하지 않도록 하는 것이다."

세 번째 반론은 "그리스도의 제자들은 그들이 섬긴 주와 마찬가지로 관용으로 충만했다"는 것이다. 여기에 대한 칼뱅의 대답은 "그리스도 자신도 신의 성전이 상인들에 의해 더럽혀진 것을 보았을 때 채찍으로 그들을 내쫓았고, 하늘로부터 위정당국자에게 칼이 주어진 것은 신을 웃음거리로 만들고, 그 성소를 모독한 배신의 무리를 억제하려는 것에 다름이 아니다"는 것이다.

그리고 또 이단에게 인간미를 가지고 대해야 한다고 반론을 펴는 경우도 있는데, 이는 "가엾은 어린 양을 먹이로 삼는 늑대를 용서해야 한다는 것과 다를 바가 없다"고 말한다. 이단이 거짓 교리로 영혼을 죽이고, 그 해악을 여기저기 퍼뜨리는 것을 막기 위해 신은 칼의 권능을 위정당국자에게 주었다는 것이다.-참으로 솔직한 논리의 전개이며, 여기에는 단 한 자락의 의심의 기운조차도 찾아볼 수 없다.

그런데 네 번째의 비판은 상당히 예리하다. "이단에 대한 박해가, 같은 믿음을 가진 위그노들이 현재 프랑스 등에서 가톨릭으로부터 받고 있는 종교재판과 다를 바 없지 않느냐"는 것이다. 즉 지금까지 이단을 탄압해왔던 논리대로 같은 개신교인 위그노들이 박해를 받고 있지 않느냐는 것이다. 여기에 대해 칼뱅은 이렇게 반론을 편다. 가톨릭이 개혁파에 가한 박해는 두 가지 이유에서 비판받아 마땅하다. 하나는 가톨릭이 신봉하는 가르침이 잘못되었다는 것이며, 또 하나는 그들의 소행이 준엄하다기보다는 잔혹하다는 것이다. "박해자가 칼을 휘두를 때 선량하고 신앙심 깊은 위정당국자는 교회를 보호하기 위해 자신에게 주어진 권한을 발동하는 데 방해받지 말아야 한다." 아우구스티누스의 말처럼 순교자를 만들어내는 것은 처벌했다는 사실이 아니라 그 이유이기 때문이다.

이러한 칼뱅의 반론은 앞장에서 언급했던 '박해의 논리'를 그대로 답습하고 있다. 다시 한번 박해의 논리에 대해 언급하면, 진리를 독점하고 있다는 주장, 사안의 중대성에 대한 확신, 그리고 강제의 유효성에 대한 신념이다. 칼뱅은 가톨릭이 개신교에 가한 박해는 그들이 진리를 갖고 있지 않기 때문에 잘못이며, 따라서 정당화될 여지가 없다고 말한다. 이단에 관계된 것은 어떤 사안이라도 가장 중요한 '신의 영광'에 대한 침해이기 때문에 거기에 조금도 흔들려서는 안 된다는 것이다.

카스텔리오는 칼뱅의 주장을 논박하기 위해 즉각 펜을 들었다. 『이단은 정당하게 칼에 의해 강제되어야 한다는 것을 변증하는 칼뱅의 소론을 비판한다』는 제목의 글이었다. 그런데 이 저술은 집필 후 60년이나 지난 1612년 네덜란드에서 처음 공개되기 전까지 세상의 빛을 보지 못했다. 이 글은 바티카누스(Vaticanus)라는 가공의 인

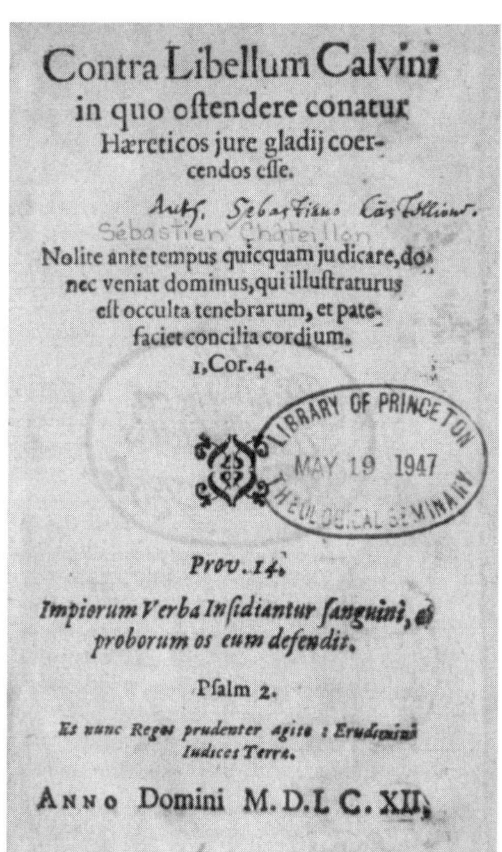
Contra Libellum Calvini
in quo oſtendere conatur
Hæreticos jure gladij coer-
cendos eſſe.

Auth. Sebaſtianus Caſtellion.
Sébastien Châteillon

Nolite ante tempus quicquam judicare, do-
nec veniat dominus, qui illuſtraturus
eſt occulta tenebrarum, et pate-
faciet concilia cordium.
1, Cor. 4.

Prov. 14.
*Impiorum Verba Inſidiantur ſanguini, et
proborum os eum defendit.*

Pſalm 2.
*Et nunc Reges prudenter agite: Erudimini
Iudices Terræ.*

ANNO Domini M.D.L C.XII.

『칼뱅의 소론을 비판한다』
(1612)

물과 칼뱅의 토론 형식으로, 전술한 칼뱅의 논지를 조목조목 비판하는 내용으로 구성되어 있다. 그러나 논지의 대부분은 앞에서 살펴본 것과 크게 다르지 않기 때문에 여기서는 굳이 재론할 필요는 없겠다.[2]

---

2 *Contra libellum Calvini in quo ostendere conatur haereticos jure gladij coercendos esse.*

베즈의 '처벌론'과 카스텔리오의 '비처벌론'

카스텔리오는 『이단은 박해받아야 하는가』를 출판한 후 제네바 교회를 대변하는 테오도르 드 베즈와 격렬한 논쟁을 펼쳤다. 베즈가 『이단을 처벌해야 할 속권에 대하여, 마르티누스 벨리우스와 신회의파의 뒤섞임을 반박하는 책』에서 전개한 논리는 기본적으로 종교상의 분열은 공동체 자체의 안녕과 질서, 미풍양속을 훼손하기에 그 제압은 위정당국자의 정당한 책무라는 것이다. 그런데 베즈가 무엇보다 격분한 것은 세르베투스의 화형에 대해 마치 신이 몰레크의 우상으로 변신한 것 같다고 한 카스텔리오의 논조였다.

> 땅이 갈라져 다단과 아비람을 삼켜버렸다고(민수기 16장) 해서 신을 몰레크라고 말하고 싶은가. 신은 스스로의 존엄을 옹호해오셨다.[3]

세르베투스는 처형장의 화염 속에서 눈물을 흘리며 그리스도의 이름을 부르며 간구하였는데, 죽음에 이를 때까지 "그리스도가 신의 영원한 아들이라고 고백하라"는 권고를 받았다. 그러나 "그는 그리스도가 신의 아들이라는 고백만큼은 하려 하지 않았다. 이 같은 고백만으로는 불충분하다는 지적도 있었지만 그는 신의 아들에게 영예를 돌리기보다는 침묵하는 쪽을 선택했다. 이것이 그리스도의

---

3 베즈가 이 발언을 한 배경에 대해서는 이 책의 제3장 '실천적 관용을 권함'을 참조.-옮긴이

DE HAERETICIS A CI-
uili Magiſtratu puniendis Libellus,ad-
uerſus Martini Bellii farraginem,& no-
uorum Academicorum ſectam,

Theodoro Beza Vezelio auctore.

Oliua Roberti Stephani.
M. D. LIIII.

베즈와 『이단을 처벌해야 할 속권에 대하여』

이름으로 간구한 것이라고 말할 수 있다고 생각하는가. 결코 그렇지 않다."[4]

베즈의 의견을 접한 카스텔리오는 곧바로 펜을 들어 재반론을 펼쳤다. 『이단은 속권으로 처벌해서는 안 된다. 마르티누스 벨리우스를 지지하며, 테오도르 드 베즈의 소론을 논박한다』(바실리우스 몬티포르티우스 지음)라는 제목의 글이었다. 프랑스어 번역본과 함께 이 글이 활자화되어 사람들의 손에 들어가게 된 것은 집필로부터 4백 년도

---

4 Bainton, *Concerning Heretics* 109쪽.

훨씬 더 지난 1971년의 일이다.

카스텔리오는 베즈의 비판을 하나씩 들어가며 반론을 펼치는데, 전체 분량은 2백 쪽이 넘는다. 이 저작의 내용은 앞에서 이미 여러 차례 언급했기 때문에 상세하게 다루지는 않겠지만, 가장 마지막 부분에 나오는 '모든 논쟁의 결론'이라는 제목의 글을 짧게 소개해보도록 하자.

> 위정당국자에게는 그리스도가 (이 땅에) 오시기 전에 신에 의해 이미 세워져 있던 세속적 질서가 있었으며, 그것은 교회의 질서가 아니었다. 그 질서는 단순히 그리스도인만이 아니라 모든 사람에게도 공통적으로 유익했다. 그 질서는 그리스도가 오시기 전에 세워진 것으로 모든 사람, 국민들 사이에서 존재해왔기 때문이다.
>
> 우리는 말하고 싶다. 이 질서는 모든 사람에게 없어서는 안 되는 것이다. 사람들이 범죄를 저지르면 칼로 처벌을 받아야 하기 때문이다. 인간이 요사스럽고 교활하면 교활한 만큼 그만큼의 질서는 불가결하다. … 명백하게 신성모독을 저지르는 자, 즉 유일신의 존재를 부정하거나 충분히 알고 있음에도 신을 모독하는 자는 자연의 법을 거스르는 것으로, 이는 국민들도 충분히 판가름할 수 있기에 모든 위정당국자는 그런 행위를 처벌해야 한다. 이 같은 명백한 신성모독을 이유로 그리스도교의 위정당국자가 터키인(무슬림)을, 혹은 터키의 위정당국자가 그리스도인을 처벌하는 것은 나라와 관계없이 강도를 처벌하는 것과 마찬가지로 정당한 것이다.
>
> 그러나 신성모독에 대한 처벌은 모든 국민의 양식에 따라야 하며, 신

학자들의 특수한 해석에 따라서는 안 된다. 그렇지 않으면 루터는 츠빙글리를, 츠빙글리는 루터를 신성모독으로 간주할 것이며, 우리 모두도 서로를 그렇게 바라보게 될 것이다. 그러한 해석은 자연스럽고 일반적인 것이 아니라 어떤 종류의 신학자들의 증오와 질투에서 나온 것이기 때문이다. …

이단설에 관해 위정당국자가 재판해서 안 된다는 것은 베즈 스스로가 쓴 적이 있지 않은가. 단지 우리가 덧붙이고 싶은 것은 위정당국자가 인식 또는 판단할 수 없는 범죄는 처벌해서 안 된다는 것이다. 그것들은 각자의 양심에 관한 것으로 위정당국자는 잔인함으로 자신의 직무를 수행하는 것이 아니기 때문이다.

당신네 칼뱅의 무리들, 그리고 전체적으로 스위스의 여러 교회여, 나는 당신들에게 자신의 직을 지키기를 권고한다. 오늘날 시대 상황이 어떤지 분명하게 인식하는 것이 좋을 것이다. 당신들은 바라지 않을지 모르지만 지금 군주와 제후들은 기회만 주어지면 피의 사냥을 하는 데 골몰하고 있다. 이탈리아, 프랑스, 독일, 스페인, 그리고 잉글랜드에서 신을 두려워하는 자들의 피가 홍수를 이루고 있지 않은가. 당신네들 사이에는 적의와 증오, 분쟁이 알게 모르게 가득 차 있다. 당신네들 사이에 사랑이 완전히 식어버렸다는 것을 아무도 부인하지 못할 것이다. 당신네들은 당신네 종교가 날마다 쇠퇴해가는 것을 눈으로 직접 보고 있지 않은가. …

당신네들은 얼마나 어리석은지 생각을 바꾸거나 한번 내린 판결을 취소하면 안 된다고 생각하고 있다. 그렇게 하는 것은 불명예라고 염려하기 때문이다. 그러나 잘못에 머물러 있는 것은 얼마나 큰 불명예인

가. 잠시 비방받기보다 영원한 고통을 견디는 것은 엄청난 참극이 아닌가.[5]

카스텔리오와 제네바 신학자들 사이에서 논쟁이 계속 이어졌다. 같은 해인 1554년, 카스텔리오는 자신의 라틴어 번역본 성서의 재판을 출간하였다. 그러나 카스텔리오가 바울로의 로마서 9장에 붙인 '주석'이 칼뱅의 격렬한 비판을 불러일으켰다. 그 주석이란 "어떤 사람에게는 구원이, 그러나 다른 어떤 사람에게는 멸망이 예정되어 있는 신의 영원한 영지(令旨)"라는 칼뱅의 '이중예정론'을 배척하고, 인간을 자신의 모상대로 창조한 신이 인간에게 선과 악을 선택할 자유를 준 이상 구원과 멸망은 인간의 자유의지에 달려 있다고 결론을 내린다.

이는 칼뱅 신학을 뿌리째 뒤흔드는 중대한 문제제기였다. 그 때문에 제네바 정부는 바젤을 향해 1524년 이후부터 시행되어온 '검열제도'의 엄격한 적용을 요구했다. 정치적 파급 효과를 우려한 바젤시당국은 제네바의 강경한 태도를 받아들여 칼뱅이 제기한 반론과 함께 카스텔리오의 저작에 대해서도 간행 정지처분을 내리기로 결정했다. 양쪽 모두에 사실상 '함구령'을 내린 것이나 다름없었다.[6]

이렇게 표현과 출판의 자유를 속박당한 카스텔리오는 점차 내면

---

5 *De L'Impunitédes hérétiques* 391~394쪽. Bruno Becker, 《*Un manuscript inédit de Castellion*》 *Castellioniana Quatre études sur Sébastien Castellion et l'idée de la tolérance*(Leiden: E. J. Brill, 1951)

6 Delormeau, 66쪽.

의 세계로 몰입해들어 갈 수밖에 없었다. 그러한 것의 표출이 1557년 1월에 출판된 『독일 신학(Theologia Germanica)』[7]의 프랑스어 번역이며, 마지막으로는 그가 운명한 해에 번역·간행된 『그리스도를 본받아』이다. 전자는 루터의 '복음의 재발견'에 큰 영향을 주었으며, 후자는 중세 말기에 '새로운 경건'의 유례를 찾기 힘든 순수한 표출이었다는 것은 앞에서도 이미 언급한 바 있다. 이 두 책 모두는 내적과 외적, 영적과 육적, 볼 수 없는 것과 볼 수 있는 것을 준별하는 신비주의로의 경사와, 교리적·조직적인 것보다는 단순하고 윤리적인 것을 중시하는 실천적 경향을 특색으로 한다. 바로 이러한 것이 카스텔리오의 정신을 형성하는 굳건한 기반이었다는 것은 다시 말할 필요가 없을 것이다.

요리스 사건

그런데 카스텔리오 내면의 고요함을 뒤흔드는 일대 사건이 1~2년 후에 일어났다. 다비드 요리스(David Joris, 1501?~1556) 사건이다. 요리스는 1501년(혹은 1502년) 네덜란드의 헨트(Ghent), 현재 벨기에의 브뤼헤(Bruges)에서 태어났으며 원래는 스테인드글라스를 다루던 화공

---

7 이 책은 어느 익명의 저자가 1350년에 쓴 것을 루터가 1518년에 출판한 것으로 '마르틴 루터의 독일신학'이라는 제목으로 알려져 있다. 루터는 서문에서 "내가 하나님, 그리스도, 인간 및 만물에 관하여 배우기를 원하고 또 배우는 데 있어서 본서는 성서와 아우구스티누스 다음으로 나의 관심을 끌었다"고 하였다.-옮긴이

다비드 요리스

이었다. 그는 때마침 네덜란드 일대에서 발생한 종교적 소요의 와중에서 개신교를 받아들이고 아직 교단이 성립되어 있지 않았던 재세례파에 가담하였다. 그는 자신의 수려한 용모와 뛰어난 언변으로 일군의 추종자들을 동프리스란트(Friesland)의 올덴부르크(Oldenburg)로 끌어 모았다.

그가 요한계시록을 바탕으로 종말 시의 환시와 환청을 『기적의 서(Wonderboeck)』라는 제목의 책으로 쓴 것은 1542년의 일이었다. 하지만 그에 앞서 1538년 그는 헤이그의 종교재판소로부터 이단 혐의로 극형을 선고받았을 뿐 아니라 모친과 다수의 신자들이 처형당하는 지경에 이르자 거주지에서 도망쳐 바젤로 망명하였다. 1543년 4월 가족과 추종자를 이끌고 바젤 시의회에 출두한 요리스는 얀 판 브뤼헤(Jan van Brugge)라는 가명으로 망명을 신청했다. 그의 당당한 풍채와 멋진 붉은 수염, 그리고 상당한 재산은 바젤 사람들을 놀라게 만들었다. 당시 바젤은 망명자의 종교적 입장을 따지지 않는 관용의 전통이 살아 있던 곳이었다.[8]

바젤 시내에 저택을 마련한 요리스는 가족과 하인을 거느린 채 계속 글을 쓰고 그림을 그리면서 두 자녀를 바젤의 유서 깊은 가문과 혼인시키기도 했다. 얀 판 브뤼헤가 사실은 재세례파의 대이단인 다비드 요리스라는 사실은 어느 누구도 알지 못했다. 요리스는 신비적 체험과 명상에 대한 글을 네덜란드로 보내 계속 출판하였지만 그로 인해 바젤의 질서나 공안이 위협받는 일은 발생하지 않았다.

이처럼 바젤에서 평온하게 지내던 요리스에게 1553년 가을 무렵 세르베투스 사건의 소문이 전해졌다. 전통적 신앙 내용과 다른 주장을 했다는 이유로 신체의 안위에 위협을 받고 거짓 이름으로 세월을 보내야 하는 자신의 처지가 세르베투스와 겹쳐 보인 것은 조금도 이상한 일이 아니었다.

제네바가 스위스의 여러 도시에 세르베투스의 처리에 관한 견해를 요청하고 있다는 소식을 들은 요리스는 재빨리 신앙의 자유에 관한 글을 써서 바젤 시의회에 제출했다. 네덜란드어로 쓴데다가 그 내용이 문제였던 것이 더 큰 이유로 생각되지만 바젤 시의회가 그의 글에 귀를 기울인 흔적은 눈에 띄지 않는다. 제네바의 의견 요청이 다분히 요식적 행위였기 때문에 요리스의 글은 아무런 참고가 되지

---

8 Bainton, *The Travail of Religious Liberty* 125쪽.

못했을 가능성이 높다. 어떤 사정이 있었는지 알 수 없지만 이 글은 현재 암스테르담의 재세례파 고문서고에 남아 있다.

요리스가 쓴 글의 논지는 대체로 카스텔리오의 관용론과 크게 다를 바 없지만, 그는 신앙 문제의 내면성을 전면에 노출시킴으로써 외면적으로 위정당국자에 의한 강요와 박해가 아무런 의미가 없는 것이라고 주장했다.

> 만약 이단을 죽이는 짓이 활개를 치는데도 그대로 내버려둔다면 이 지상에 살아남을 자는 거의 없을 것이다. 각자가 다른 사람을 이단으로 보기 때문이다. 그리하여 유대인도 사라센인도 터키인도 그리스도인을 이단으로 볼 것이며, 마찬가지로 그리스도인도 그들을 이단시할 것이다. 교황파, 루터파, 츠빙글리파, 재세례파, 칼뱅파, 아디아포라파(adiaphora, 멜란히톤파)는 각기 서로를 옳지 않다고 본다. 그렇다고 이러한 의견 차이를 이유로 서로가 서로를 증오하고 서로 죽여야만 하는가. …
>
> 만약 세르베투스가 신 앞에서 이단 혹은 사악한 종파의 신자였다 하더라도 그의 신체에 위해를 가해서는 안 되며, 오히려 친절하게 권고해야 할 것이다. 그럼에도 그 완고함과 어리석음을 버리지 않고 자신의 교설로 평화를 깨뜨리는 것을 멈추지 않는다면 지역에서 추방하는 것만으로 충분하다.[9]

---

9 Bainton, *Hunted Heretic* 305쪽.

카스텔리오와는 아무런 관계도 없이 신앙과 양심의 자유를 외치는 소리가 여기에서도 들려왔던 것이다.

만년의 요리스는 평온한 생활을 보냈지만 과거에 엄격했던 생활 방식에서 변절했다고 판단한 일부 과격한 추종자들은 분노를 드러냈고, 다른 한편으로는 숨겨도 숨길 수 없는 이단에 대한 의혹도 구름처럼 피어올랐다. 이런 의심과 의혹에도 불구하고 요리스는 1556년 8월 편안하게 세상을 떠났다. 그가 죽은 지 2년 뒤인 1558년 가을, 한 유명인이 대이단이라는 내부고발을 접수한 바젤 시당국은 진상조사에 착수했다. 얄궂게도 심문관을 맡은 인물은 10여 년 전 카스텔리오가 제네바에서 쫓겨날 때 도움을 손길을 내밀었던 보니파키우스 아메르바하였다.

이듬해 3월에 이루어진 가택수사에서 그 인덕이 높았던 얀 판 브뤼헤가 사실은 다비드 요리스였으며, 세상의 이목을 피하기 위해 위장한 인물이었다는 움직일 수 없는 증거가 나왔다. 요리스에 대한 처분을 자문 받은 바젤 대학은 로마법에 따라 이단의 유해를 발굴하여 불태워버려야 한다는 요지로 답변했다. 그리고 대학에 관계하는 모든 교수들은 요리스의 오류를 없애버려야 마땅한 것으로 간주하겠다는 서약서에 서명할 것을 요구받았다. 카스텔리오 또한 예외가 아니었다.

5월 13일 바젤의 광장을 가득 메운 군중들 앞에서 화형대에 묶인 요리스의 유해는 커다란 상자에 담긴 그의 저서와 함께 불태워졌다. 생전의 모습이 약간은 남아 있었다고 전해지지만 이미 고통을 느낄 수 없는 몸이었기에 요리스는 세르베투스보다는 다행이었다. 군중들 틈에서 이 참극을 지켜보면서 카스텔리오는 그렇게 생각했을 게 분명했다.

남아 있는 세월을 살아가기 위해 광장을 떠나 귀갓길에 오른 카스텔리오의 머릿속에 오간 생각은 어떤 것이었을까. '이단에 대한 박해'가 '이단설'보다 더 사악한 허위와 위선을 낳는다는 것은 명확하다. 그래서 카스텔리오도 요리스의 이단론에 동조했던 것이다. 그러니 도대체 누가 이 카스텔리오를 향해 돌을 던질 수 있단 말인가.

카스텔리오는 자신이 예감했던 것처럼 이탈리아와 독일, 프랑스, 스페인, 그리고 잉글랜드와 네덜란드 등에서 종교전쟁의 불길이 날이 갈수록 거세게 타오르자 미래에 대한 암담함과 함께 무력감을 느낄 수밖에 없었다. 한때는 폴란드 이주를 진지하게 고려한 적도 있었다고 한다. 당시 중앙집권화가 확립되지 않았던 폴란드는 그나마 종교적 관용이 남아 있었다. 폴란드는 칼뱅주의에 따른 관헌적 종교개혁의 얀 라스키(Jan aski, 1499~1560)와 그와 반대되는 반삼위일체론을 주장한 렐리오 소치니(Lelio Sozzini, 1525~1562)와 파우스토 소치니(Fausto Sozzini, 1539~1604)가 도망쳐서 머물렀던 곳이기도 했다.

운명

한평생 진리를 향해 나아가며 학문에 열정을 쏟았으나, 그로 인해 오히려 고난의 길을 걸었던 카스텔리오에게 갑작스러운 죽음이 찾아왔다. 1563년 12월 29일, 카스텔리오는 48세의 젊은 나이에 세상을 떠났다. 심근경색이었다고 한다. 그가 운명하기 약 2개월 전인 11월 1일에 작성한 유서에는 재혼한 아내인 마리와 자녀들 앞으로 "신을 믿고 공경하고 사랑하고, 계명을 지켜라. 신께서는 과부와 고아의 아버지이시기에 너희를 버리지 않는다는 것을 믿어라. 그러나 만약 너희가 신을 버린다면 신께서도 너희를 버릴 것이다"라고 쓰여 있었다. 그가 전 생애에 걸쳐 변증하려 했던 최소한의 '근본조항'이나 다름없는 것이었다.

그의 유해는 대성당교회에 매장되었는데, 4백 년의 세월이 지난 지금은 그 흔적조차도 사라지고 말았다. 남아 있는 것은 그의 저술뿐이지만 그것조차도 상당수는 미공개 상태다.

신앙과 양심의 자유에 이르는 길은 여전히 멀고 좁고 험준했던 것이다.

지은이 후기

내 전공 분야는 제네바의 종교개혁사와 신학사상이다. 이는 내가 믿고 있는 그리스도교 전통을 현대와 연관 지어 재인식하고 바로잡으려는 작업이기도 했다. 공부를 해나가는 과정에서 보다 분명하게 알게 된 사실은 16세기 유럽에서 일어난 종교개혁의 파장이 생각보다 훨씬 더 컸다는 것이다. 사실 종교개혁으로 촉발된 그 파장은 오늘날까지도 이어지고 있으며, 이 책의 주인공인 카스텔리오가 외친 관용과, 신앙과 사상의 자유는 근대사회의 사상적 기초가 되었다고 할 수 있다.

16세기 유럽에서는 개신교 종교개혁과 더불어 중세 이후 로마가톨릭의 자기개혁 노력에도 불구하고 개혁의 성과가 불충분하기에 더욱 철저한 개혁-그 원리와 원천은 다를지라도-을 요구하는 개인이나 집단이 존재했다. 나는 그들의 주장이나 외침을 배제하고서는 결코 종교개혁의 전체상을 파악할 수 없다는 결론에 이르렀다. 이 같은 '깨달음'에는 예일 대학 유학 이래의 은사인 롤랜드 H. 베인톤 교수의 영향이 적지 않았다.

베인톤 교수는 저명한 종교개혁사의 전문가이지만, 그의 연구 분야는 루터를 비롯해 인문주의자 에라스뮈스, 카스텔리오와 그의 『이단은 박해받아야 하는가』 영역(英譯), 그리고 이 책의 마지막 부분에 등장하는 '이단' 요리스 등에 이르기까지 그 폭이 대단히 넓다. 내가 이 책에서 이룬 성과는 보잘것없지만 책을 쓰는 과정에서 돌아가신 은사의 가르침을 자주 떠올렸다.

오랜 세월 카스텔리오에 관한 책을 쓰고 싶다고 생각을 갖고 있었지만 실제로는 시미즈쇼인(清水書院)의 시미즈 유키오(清水幸雄) 씨의 강한 권유가 없었다면 실현되지 못했을 것이다. 책을 쓸 수 있는 기회를 마련해주신 것에 깊이 감사를 드린다. 아울러 번거로운 편집을 맡아주신 다카다 가즈노리(高田和則) 씨께도 마음으로부터 감사를 드린다.

지난 20세기에는 우리가 살아가는 세계와 인간 존재 자체에 근본적인 물음을 던지는 사건들이 끊임없이 이어졌다. 수많은 혁명과 전쟁이 일어났고, 그로 인해 많은 인명이 목숨을 잃었다. 그중에서 특히 20세기 말의 베를린 장벽 붕괴와 소련연방의 와해는 이 책과 관련해 많은 시사점을 던져준다. 이데올로기적으로 진리의 독점을 주장했던 체제는 현실 사회에서 실패로 귀결되었다. 그와는 규모나 성격은 다르지만 종교와 민족, 사상과 체제의 차이에서 비롯되는 갈등과 대립, 박해, 전쟁은 지금도 계속되고 있다. 이러한 시대에 다시 한번 카스텔리오의 목소리에 귀 기울이는 것은 무엇보다 의미 있는 일이 될 것이라고 확신한다.

카스텔리오 연보

	나이	연보	참고사항
1436 무렵			히메네스 출생(1517 몰)
1466 무렵			에라스뮈스 출생(1536 몰)
1482			외콜람파디우스 출생(1532 몰)
1483			루터 출생(1548 몰)
1484			츠빙글리 출생(1531 몰)
1489			토마스 뮌처 출생(1525 몰)
1491			마르틴 부처 출생(1551 몰)
1499			브렌츠 출생(1571 몰)
1505			루터 수도원에 들어감
1509			칼뱅 출생(1564 몰)
1511			세르베투스 출생(1553 몰)
1515		생 마르탱 뒤 프레느에서 출생	
1517			루터 '95개조 명제' 발표
1518			하이델베르크 논쟁, 아우구스부르크 심문, 츠빙글리 취리히 부임
1519			루터, 라이프치히 토론
1520			루터, 파문경고장을 불태우다
1522			루터, 빌헬름 제국회의에 참석
1523			칼뱅, 파리에서 학업 시작. 제1, 2차 취리히 토론. 외콜람파디우스 파리 도착.
1524~5			독일농민전쟁, 뮌처 처형
1525			취리히 종교개혁 거의 완성. 최초의 재세례 시행
1527			재세례파 펠릭스 만츠(Felix Mantz) 처형
1528			브렌츠, 『세속의 권력은 재세례파를 불과 칼로 사형에 처할 정당한 권한을 가지고 있는가』 간행
1530			세르베투스, 스페인에서 독일로 (바젤, 스트라스부르)
1531 무렵			세르베투스 『삼위일체론의 오류에 대하여』 비밀리에 간행
1532			세르베투스, 파리 또는 리옹으로
1533 무렵			갈뱅, 개신교로 회심
1534			칼뱅, 스위스로 망명

	나이	연보	참고사항
1533~4			재세례파의 뮌스터 반란
1535			칼뱅, 『기독교 강요』 초판 간행. 칼뱅, 제네바 부임
1538			칼뱅, 제네바를 떠나 스트라스부르로 망명
1540 무렵	25	개신교로 '회심'. 칼뱅이 있는 스트라스부르로 망명	
1541			칼뱅, 제네바로 귀임
1542	27	제네바 부임, 학교장 취임 선서	
1543~4	28	유진 바크론과 결혼	
1544	29	『성대화편』 편역 출판 계획, 칼뱅 및 목사단과 대립	
1545	30	『성대화편』 간행. 제네바에서 바젤로	
1546	31	바젤 대학 인문학부 입학. 라틴어번역본 성서 간행	루터 사망
1550	35	아내 유진 사망, 마리와 재혼	
1553	36	바젤 대학에서 마기스터 취득. 그리스어 교수로 취임	세르베투스 『그리스도교 복원』 비밀 출판(1월) 비엔느 종교재판, 세르베투스에 화형 선고와 탈옥(3~4월) 세르베투스, 제네바에서 체포 재판 처형(8~10월)
1554	39	『이단은 박해받아야 하는가』 간행. 『이단은 정당하게 칼에 의해 강제되어야 한다는 것을 변증하는 칼뱅의 소론을 비판한다』 집필(미간행) 『이단은 속권으로 처벌해서는 안 된다』 집필(미간행)	칼뱅, 『정통신앙 옹호론』 간행, 베즈 『이단처벌론』 간행
1555	40	프랑스어 번역본 성서 간행	
1558	43	프랑스어 번역본 『독일신학』 간행	요리스 사후 재판
1562	47	『딱한 프랑스에 바치는 충고』 간행	
1563	48	『그리스도를 본받아』 간행. 2월 사망	
1564			칼뱅 사망

게라드 그루테(Gerard Groote, 1340~1384) 중세 말기 네덜란드의 가톨릭 사제로서, 당시 교회가 수도원 전통을 점차 잃어가고 성직자들의 도덕적 가치가 떨어져가고 있다고 인식하고 '새로운 경건' 운동을 전개했다. 데보티오 모데르나 운동이 가장 중점을 둔 것은 초대교회의 복음적 생활을 지향하는 신앙쇄신으로서, 신학적 사변(思辨)이나 외면적 신심 형식보다는 영적(靈的) 내면성의 충실 및 수도원 개혁, 믿음이 약화된 성직자들의 재교육이었다. 『그리스도를 본받아』는 바로 이 데보티오 모데르나 공동체 안에서 쓰인 것이다. 데보티오 모데르나 운동은 당시 북유럽에서 크게 성행했으며, 시간이 흐르면서 이 운동이 추구하던 본래의 정신보다 한발 더 나아가 결국 개신교의 탄생으로 인한 종교분열로 귀결되고 말았다.

기욤 파렐(Guillaume Farel, 1489~1565) 스위스의 종교개혁가. 마르틴 루터의 설교에 감명을 받고 설교자로서 각지를 돌아다녔다. 칼뱅과 함께 제네바, 로잔에서 종교개혁을 위해 활약했다. 1538년 칼뱅과 함께 제네바에서 추방되자 뇌샤텔을 중심으로 프랑스 종교개혁에 힘썼다. 열렬한 설교자였던 그의 주장은 평생 우정을 맺은 칼뱅에 계승되어 이론화되었다.

다비드 요리스 이 책의 4장 '요리스 사건' 참고

락탄티우스(Lucius Caecilius Firmianus Lactantius, 250?~325?) 초기 그리스도교의 신학자이자 저술가. 그리스 이교 철학자들의 논리에 대항하여 교육받은 이교도들을 대상으로 그리스도교의 교리를 묵시론적으로 설명하는 글을 저술했다. 그의 『신의 교훈(Divinae Institutiones)』은 초기 그리스도교 사상의 체계화된 저작의 대표적 사례로 꼽힌다.

마르틴 루터(Martin Luther, 1483~1546) 종교개혁의 상징적 인물. 수도 사제의 신분으로 가톨릭교회의 면벌부 판매에 '95개조 명제'를 발표하여 교황에게 맞섰으며 이는 종교개혁의 발단이 되었다. 여러 종교개혁가들과 더불어 종교개혁을 르네상스와 함께 근대로의 전환점으로 만들었다. 신약성서를 독일어로 번역하여 독일어 통일에 공헌하였으며 새로운 교회 형성에 힘써 '루터파 교회'를 세웠다.

마르틴 부처(Martin Butzer, 1491~1551) 스트라스부르의 종교개혁가. 도미니코회 수도자로서 하이델베르크에서 루터의 교설을 접하고 개신교로 전향하였다. 1523년 스트라스부르의 교회개혁에 참여하여 교회제도의 정비와 학교교육의 진흥 등에 많은 영향을 주었다. 1548년의 아우구스부르크 가신조협정에 반대했기 때문에 영국으로 망명, 케임브리지대학 교수가 되어 목회론과 성서주해 등의 분야에 많은 저작을 남겼다.

마테우스 젤(Matthäus Zell, 1477~1548) 스트라스부르의 종교개혁가. 사제 출신으로 나중에 루터파의 목회자가 되었다. 교회의 정치나 신학적 가르침보다는 실용적 삶에 집중하였고, 개신교 교육에 큰 관심을 보였다. 그의 아내인 카타리나 젤은 목사와 대등한 지위를 갖고 사역을 펼친 것으로 유명하다.

볼프강 카피토(Wolfgang Capito, 1473~1541) 독일의 종교개혁가. 프라이부르크 대학에서 신학을 공부하였고, 루터, 츠빙글리 등과 교류하였다. 스트라스부르에서 죽기까지 종교개혁가로 살면서 마르틴 부처와 함께 츠빙글리의 신학을 따르는 네 개 도시를 중심으로 '스트라스부르 고백서'를 작성하였다.

세바스티앙 프랑크(Sebastian Franck, 1499~1543) 독일의 자유사상가, 인문주의자, 신비주의자. 종교개혁 초기에는 루터파였으나 정통신앙을 인정하지 않고 성서에 기재된 것은 비유에 지나지 않는다고 하여, 신앙은 내적인 경험에서의 신과의 융합이라고 주장하였다. 그로 인해 박해를 받아 빈궁함과 고독 속에서 생을 마쳤다. 그의 사상은 네덜란드에 계승되어 종교적 관용이 배양되었다. 1531년에 『평화를 위한 투쟁의 책(Kriegsbüchlein des Friedens)』(1539)을 썼는데, 이 책은 독일에서 전쟁 범죄에 관한 최초의 반전(反戰) 서적으로 평가받고 있다.

아우구스티누스(Augustinus, 354~430) 중세 초기 그리스도교의 대표적 교부. 교부철학과 신플라톤학파의 철학을 종합하여 그리스도교 교의의 이론적 기초를 다졌다. 중세 그리스도교 사상에 큰 영향을 끼쳤으며, 지금까지도 그의 신학적 영향력은 지대하다. 그는 이 세상은 신의 이

데아에 따라 그 의지에 의해 창조되었으며, 원죄를 짊어진 인간은 악을 행하는 자유를 가질 뿐이며 구원은 오로지 신의 은총에 의해 가능하다고 주장했다. 또한 구원은 신의 영원한 예정에 의한 것(예정설)이며, 교회가 이 은총을 매개한다고 주장하였다. “교회 밖에는 구원 없다(extra eclesiam nulla salus)”는 말로 교회의 위상을 확립하였다.

아타나시우스(Athanasius, 295~373) 그리스의 교부이자 성인. 아리우스와 반대되는 삼위일체설을 주장하였다. 325년 니케아 공의회에 참석하여 아리우스의 이단설을 논파하여 명성을 얻었다.

야코포 사돌레토(Jacopo Sadoleto, 1477~1547) 도피네에 있는 카펜트라스(Carpentras in the Dauphine)의 주교이며 1536년 추기경이 되었다. 그는 칼뱅과 파렐이 제네바를 떠난 틈을 타서 제네바 시민들에게 로마가톨릭으로 복귀하라는 강력한 권고 서신을 보냈다. 라틴어로 쓴 이 편지에서 사돌레토는 개신교의 활동을 비판하고 로마가톨릭으로의 복귀를 촉구하였다.

얀 라스키(Jan aski, 1499~1560) 폴란드의 종교개혁가. 가톨릭 사제였으나 멜란히톤 등의 종교개혁가들과 교류하면서 개신교의 목사가 되었다. 처음에는 에라스뮈스의 영향을 강하게 받았으나 후대에는 칼뱅의 사상을 받아들였다.

요하네스 에크하르트([Johannes Eckhart, 1260?~1328?) 독일 신비주의의 대표적

인 사상가. 도미니코회에 속한 스콜라 학자로서 신비적 체험을 설교하였다. 만년에 범신론에 가까운 이단적 설교를 했다는 이유로 유죄 판결을 받았다. 그는 인간 내면의 깊은 곳에서 일어나는 영혼의 불꽃과 신의 합일을 강조했으며, 이 합일의 극치를 영혼 안의 신의 탄생이라 하였고, 나아가 그 신은 세 위격의 구별을 초월한 근원적 신성(神性)이라고 주장하였다. 그의 사상은 신플라톤주의와 루터 등에게 큰 영향을 끼쳤다.

요하네스 타울러(Johannes Tauler, 1300?~1361) 독일의 신비주의자이자 도미니코회 수도자. 학문이나 신학과는 무관한 생활의 실천이라는 차원에서 영혼의 구원에 역점을 두고, 여러 곳에서 설교자로 활약하였다. 그리스도인의 내면적 형성을 강조하였고, 신앙과 교회제도의 본질을 깊이 인식한 종교개혁의 선구자로 간주되고 있다. 루터와 뮌처 등 많은 경건주의자들에게 큰 영향을 끼쳤다.

요한 브렌츠 이 책의 3장 '카스텔리오와 브렌츠'를 참조.

요한 아그리콜라(Johann Agricola, 1494~1566) 독일의 종교개혁가. 루터파를 프랑크푸르트로 도입하는 데 큰 역할을 했으며, 교사이자 설교자로서 죄의 깨달음은 복음을 믿는 사랑에서 나오는 것이지 율법에 의한 것이 아니라고 주장하여 루터와 대립하였다.

요한(Johann der Best ndige, 1468~1532) 1525년 형인 선제후 프리드리히 3세

의 뒤를 이어 작센의 선제후가 되었다. 형과 마찬가지로 프로테스탄트 종교개혁을 계속했으며, 에른스트계 작센 선제후령에 루터교회를 설립해 작센 선제후가 주교가 되도록 만들었다. 1530년 슈말칼덴 동맹을 결성해 지도자가 되었다.

울리히 츠빙글리(Ulrich Zwingli, 1484~1531) 스위스의 종교개혁가. 처음에는 취리히 대성당의 사제로서 성서강해로 큰 명성을 얻었다. 그 후 인문주의의 영향을 받고 신약성서를 연구하면서 점차 가톨릭과 결별하였다. 츠빙글리 신학의 핵심은 성서는 신의 영감에 의한 말씀이며, 그 권위는 어떠한 종교회의나 교부들의 주장보다 높다는 것이다. 그의 개혁운동은 스위스 각주로 확대되었지만, 후에 가톨릭 군대와의 전투에서 종군목사로 활약하다가 카펠에서 전사하였다.

윌리엄 오컴(William of Ockham, 1280~1349) 영국의 스콜라 철학자이자 프란치스코회 수도자. 이단 혐의를 받았고 몇 가지 명제는 유죄 판결을 받았다. 교황 요하네스 22세와도 알력이 있었다. 그의 유명론은 중세의 사변신학 붕괴기에 근대의 경험론적 사상의 시작으로 평가받고 있다.

유스티누스(Justinus, 100~165?) 초기 그리스도교의 변증가로서 2세기 로고스 이론의 최초 해석자로 알려져 있다. 저작 중 두 개의 변증서와 대화집 하나가 남아 있다. 가톨릭교회와 성공회, 동방정교회에서 성인으로 추앙받고 있다. 그리스 철학에 정통하여, 그리스적 교양을 통해 그리스도교 진리에 학문적 기초를 부여하기 위해 노력했다. 그에게 그리스도교는 '참된, 최고의 철학'이었다. 또한 그의 그리스도교는 행위를 중시하는 윤리종교적 색채가 강하고, 스토아 철학의 영향을 상당히 많이 받았다. 교회의 전통에 충실했으며, 그 진리를 위해 로마에서 순교했다.

이레나이우스(Irenaeus, 140~203) 소아시아 태생의 프랑스 리옹(Lyon)의 주교. 성서를 구원사적(救援史的) 역사관과 연결시켜고, 동방 신학과 서방 신학의 교류를 위해 애썼다. 저서로 『이단 반박』이 있다.

카를 바르트(Karl Barth, 1886~1968) 스위스의 개혁교회 목사이자 신정통주의 신학자. 예수를 도덕적으로 모범을 보인 인간으로, 성서를 인간의 종교적인 경험의 기록이자 윤리적 지침서로 이해하던 자유주의 신학에 반대하여, 그리스도인들이 헌신적으로 복종해야 하는 '하나님의 말씀으로 인간으로 되신 예수 그리스도'를 강조하였다.

카스파르 헤디오(Caspar Hedio, 1494~1552) 스트라스부르의 종교개혁가. 부처와 카피토와 더불어 스트라스부르의 종교개혁을 이끈 인물 중 한 사람이다. 프라이부르크와 바젤에서 신학을 공부하였으며, 루터, 츠빙글리와 교류하였다. 많은 교부들의 문헌을 번역하고, 초기 교회사에 관한 저서를 남겼다.

콘라트 펠리칸(Konrad Pellikan, 1478~1556) 독일의 종교개혁가, 인문학자.

크리소스토무스(Chrysostomus, 349?~407) 초기 그리스도교의 교부이자 설교가, 콘스탄티노플의 대주교. 교회 내의 도덕적 개혁에 주력했지만 반대자들의 박해를 받고 운명하였다. 뛰어난 설교자였던 그의 사후에 '황금의 입(金口)'이라는 뜻의 그리스어인 '크리소스토무스'라는 별칭이 붙었다.

테르툴리아누스(Tertullianus, 155?~240?) 초기 그리스도교의 교부이자 신학자. 순교자들이 신앙을 지키기 위해 순교하는 모습에 감동받아 그리스도인이 되었다. 교회사 최초로 라틴어를 사용했으며, 삼위일체(Trinity)를 비롯한 상당수의 라틴어 신학 용어를 만들어냈다. 그의 라틴어 문체는 중세교회 라틴어의 표본으로 간주되고 있다.

토마스 뮌처(Thomas M nzer, 1489~1525) 종교개혁 시기에 활동한 독일의 급진적 종교개혁가이며 재세례파 지도자. 라이프치히 대학에서 신학을 공부하였으며, 루터의 개혁운동에 크게 공명하였다. 그러나 성서의 객관적 권위를 무시하고 내면적 신앙 체험만을 중시하여 루터와 정면으로 대립하였다. 1524년 뮐하우젠에서 농민과 하층민을 규합하여 대규모 반란을 일으켜 신정정치를 구현하려고 했으나 제후연합군과의 전쟁에서 패하여 처형되었다.

토마스 아퀴나스(Thomas Aquinas, 1224/25?~1274) 이탈리아의 신학자이자 중세의 대표적 스콜라 철학자. 아리스토텔레스 철학의 영향을 받고 그의 철학을 계승했으며, 그리스도교 철학을 발전시키는 데 큰 역할을 담당했다. 그의 사상은 신을 중심으로 하지만 인간의 자유의지와 경험을 인정한다는 점에서 인간 중심적 근대사상을 탄생시키는 계기가 되었다. 경험적 방법을 통해 모든 그리스도교 철학의 조화를 꾀하여 독창적이면서도 짜임새 있는 자신의 사상으로 발전시켰다. 스콜라 철학의 체계를 세웠다는 점에서 '스콜라 철학의 제왕'으로 불리기도 한다.

파우스토 소치니(Fausto Sozzini, 1539~1604) 이탈리아의 자유사상가. 숙부인 렐리오 소치니가 주창한 반삼위일체론의 계승자. 바젤에서 신학을 연구하면서 삼위일체론에 반대하는 입장을 명확히 했으며, 폴란드의 크라카우에 평생을 머물며 일단의 '폴란드 형제단'을 이끌었다. 그는 교회와 국가의 결합을 부정하였으며, 국가는 신의 제정에 의하지 않고, 국가가 일으키는 전쟁을 인정할 수 없다고 하였는데 그의 영향 하에 유니테리안이 일어났다.

페트루스 롬바르두스(Petrus Lombardus, 1096~1160) 이탈리아의 신학자이자 스콜라 철학자. 명제집의 스승으로 불린다. 교부와 당대 신학자들의 말을 체계적으로 편집한 교의서인 『명제논집(Sententiarum libri quatuo)』을 저술하였다. 이 책은 17세기에 토마스 아퀴나스의 『신학대전』에 그 자리를 양보할 때까지 유럽의 많은 대학에서 교과서로 사용될 만큼 권위를 인정받았다.

프랑수아 라블레(Fran ois Rabelais, 1494?~1553) 프랑스의 작가이자 대표적 인문주의자. 프랑스 르네상스의 선구자. 종교개혁 시기, 신구교의 갈등이 비화될 무렵 가톨릭교회를 풍자함으로써 그의 작품은 금서목록에 올랐다. 과학을 옹호하고, 인간의 자유와 해방, 이상적 인간 사회의 건설을 목표로 활발한 르네상스의 사상과 감정을 부르짖은 르네상스의 선구자로 알려져 있다. 저서로 『가르강튀아』와 『팡타그뤼엘』 등이 있다.

프리드리히 3세(Friedrich III, 1463~1525) 현명하였기에 '현공'이라는 칭호가 붙은 인물이다. 교양 있고, 음악과 역사에 관심이 많았으며 비텐베르크가 예술 활동의 중심지가 되는 데 공헌하였다. 열렬한 가톨릭 신자였지만, 루터를 보호하였을 뿐 아니라 그의 종교개혁을 도왔다.

필리프 멜란히톤(Philipp Melanchthon, 1497~1560) 독일의 신학자이자 종교개혁가. 루터의 동료로서 종교개혁 운동을 통한 개신교의 확립을 위하여 투쟁하였다. 비텐베르크 대학의 교수로 있으면서 개신교 신학의 기초를 세우는 데 노력하였다. 신학자들의 견해 차이를 화해시키는 관용적 인물이었던 그를 루터는 "양심이 선한 사람으로 매사를 진지하게 받아들이는 인물"이라고 높이 평가했다.

히에로니무스(Hieronymus, 348~420) 초기 그리스도교의 교부이자 가톨릭의 공인 라틴어 번역본 성서인 불가타 성서를 완성했다. 암브로시우스 그레고리우스 아우구스티누스와 함께 4대 교부로 일컬어진다.

찾아보기

아

자

차

카

타

파

하